高中英语课堂教学及其模式创新

闫淑梅 / 著

中国出版集团 现代出版社

U0811660

图书在版编目(CIP)数据

高中英语课堂教学及其模式创新 / 闫淑梅著. — 北京：现代出版社，2021.8

ISBN 978-7-5143-9420-7

Ⅰ. ①高… Ⅱ. ①闫… Ⅲ. ①英语课—课堂教学—教学模式—高中 Ⅳ. ①G633.412

中国版本图书馆CIP数据核字（2021）第169647号

高中英语课堂教学及其模式创新

作　　者　闫淑梅
责任编辑　张　璐
出版发行　现代出版社
地　　址　北京市安定门外安华里504号
邮政编码　100011
电　　话　010-64267325　64245264
网　　址　www.1980xd.com
电子邮箱　xiandai@cnpitc.com.cn
印　　制　北京政采印刷服务有限公司
开　　本　710mm × 1000mm　1/16
印　　张　11.5
字　　数　184千
版　　次　2022年4月第1版　　2022年4月第1次印刷
书　　号　ISBN 978-7-5143-9420-7
定　　价　45.00元

版权所有，翻印必究；未经许可，不得转载

目录

CONTENTS

第一章

01 高中英语课堂教学概论

第一节　英语课堂教学的现状

普通高中英语课程作为一门学习及运用英语语言的课程，与义务教育阶段的课程相衔接，旨在为学生继续学习英语和终身发展奠定良好的基础。普通高中英语课程强调对学生语言能力、文化意识、思维品质和学习能力的综合培养，具有工具性和人文性融合统一的特点。普通高中英语课程应在义务教育的基础上，帮助学生进一步学习与运用英语基础知识和基本技能，发展跨文化交流能力，为他们学习其他学科知识、汲取世界文化精华、传播中华文化创造良好的条件，也为他们未来继续学习英语或选择就业提供更多机会。普通高中英语课程同时还应帮助学生树立人类命运共同体意识和多元文化意识，形成开放包容的态度，发展健康的审美情趣和良好的鉴赏能力，加深对祖国文化的理解，增强爱国情怀，坚定文化自信，树立正确的世界观、人生观和价值观，为学生未来参与知识创新和科技创新，更好地适应世界多极化、经济全球化和社会信息化奠定基础。

一、英语课堂教师教学的现状

（一）教师现状

1. 部分教师单一的教学模式不能激发学生学习兴趣

当前的英语教学不仅仅是学科知识传授，更注重核心素养的养成，使知识内容呈现出多样化的色彩。如果只是照本宣科，势必会使教学失去弹性，失去许多功能性和时效性。

2. 部分教师不能适应新教材的教学

部分教师还不能完全适应新教材的教学，仍存在传统的现象，具体表现为四个方面。

（1）把较多的时间放在语言点的学习和语言技能的训练上，留给学生的活动时间相对较少，忽视了对学生实际能力的培养。

（2）被动多于主动，灌输多于启发，学生总是处于被动的听、记、背、练的苦学之中；重视结论的记忆，忽视学习过程。

（3）重视教学的整齐划一，忽视学生个体差异的创造才能。

（4）对新教材各种课型教学的思路、模式和方法掌握不准，不懂得针对不同的课型建立不同的教学模式，如把对话课上成阅读课、把泛读课上成精读课、把阅读课上成语法课等；不懂得如何根据不同的课型培养学生听、说、读、看、写的语言交际能力，课堂教学环节层次不清。

3. 部分教师忽视主体性原则

例如，传统观念认为教师的任务就是传授知识，于是一堂阅读教学课就成了“教师讲、学生听”的守旧模式，教师与学生之间没能形成一个互动合作的教学氛围，学生的积极性和主动性没能得到发挥，从而影响了学生的学习热情，影响了阅读教学的效果。

4. 部分教师的文化核心素养、语言水平和教学能力亟待提高

这方面包括语音不准确，语调欠纯正；口语较差，语法错误较多；课堂语言单调贫乏，不能很好地胜任课堂语言交际活动的顾问和组织者的角色，以致无法创设一种“逼真的”交际环境。

5. 部分教师信息技术手段运用流于形式

这一现象通常表现为上公开课的时候，挂图、实物、录像、投影、录音机样样俱全，但平时上课时仍沿用一张嘴、一块黑板、一支粉笔的传统教法，致使平时课堂教学不生动、不活泼，教学过程呆板，气氛沉闷。

6. 部分教师对于生词和歧义词的处理不当，加大了学生的学习难度

对于一些多义高频词，如果不向学生阐明各种意思及其出现的语言环境，学生是很难真正掌握的，而且，如果遇见新的语言环境，学生就会把它当成新词，这样就加大了学生在阅读学习时的难度。

7. 部分教师忽视阅读方法指导，造成了学生的学习障碍

这一现象说明，部分教师依然只懂得“授之以鱼”，而不懂得“授之以渔”；只懂得“一味串讲”，而不懂得“导之以法”。

8. 部分教师在上课时过多地重视手段而忽视基础

现在为了防止学生厌学，采用的教学手段可谓是多种多样。可能一开始学生会因为新鲜而产生一定的兴趣，但这种兴趣不会持久。在课堂教学中，大部分教师仍沿用以讲授为主的传统教学方法，很少采用“情境教学法”“听说领先”等现代教学法，不注重发挥学生的主体作用，学生仍处于被动听课的状况，既听不懂也讲不出，达不到学习英语的最终目的。

（二）英语课堂现状

1. 新教材，老教法

不少教师对新课程理念都能说得头头是道，但在课堂教学中基本上是一讲到底，师生之间、生生之间的互动较少，一节课留给学生自主学习或进行语言交际实践活动的时间甚少，学生缺乏自主学习、独立思考与合作探究的时间和空间。

2. 教学意识与教学行为尚有差距

教师的教学意识与课堂上的教学行为并不完全相符，这就出现了教学思想与教学行为之间的矛盾。例如，部分教师不断地强调以学生为主体原则的重要性，但在课堂教学中，许多本可以由学生主持或负责的活动，教师却全部或大部分包揽了，致使自己成为课堂活动的中心。再如，教师们均认为教学过程应该实现交际化，但有的教师却认为学生在课堂上多读、多说就是交际，因而出现了教学活动仍局限于练习的现象，而且主要是有控制的机械练习，供学生灵活运用语言的练习活动不多。

3. 有效提问少

部分教师把课堂问题设置局限在内容浅层或直接信息的提问上，这样的问题很难激起学生的学习兴趣，教师不注意在知识的关键处、理解的疑难处、思维的转折处、规律的探求处设问，起不到由浅入深、启迪学生思维、使学生逐步深化认识的作用。

4. 重知识讲授，轻素质培养

部分教师的课堂教学只重视学生对知识的汲取和掌握，以让学生理解教材的知识内容为宗旨，以讲清课本语言素材的汉语意思、语言素材中的知识点为重点，而忽视学生的阅读、写作、口头表达等语言能力的培养。

5. 对课堂生成问题的处理和解决拿捏不准

部分教师对于课堂授课过程中出现的突发问题和新生成问题，不能做恰当而有效的知识延伸和相关问题的引领；对于学生当堂提出的问题，有的不知所措，有的所讲非所问。

6. 忽视文化背景知识的渗透

英语教学不仅是外语本身字、词、句、章的问题，而且是以社会文化、政治、经济、文艺、体育等各种人文科学和社会科学为背景。如果没有这些知识的积淀，就难以把握文章的思想内涵。学生很少注意到语言的文化内容和表面相似的语言形式在文化内涵上的差异，尽管发音正确，语法也没问题，但说出来很容易让母语人士误解。

7. 德育渗透不够

部分英语教师认为英语课就是教英语，思想引领和德育教育是班主任与其他教师的事，和英语教师没有关系。其实不然，英语当中的诸多文章都蕴含着深厚的思想内涵和地域文化，如果我们能加以指导和点拨，一定会收到意想不到的教育效果。

8. 语言能力强于教学能力

有的教师语言素质相当不错，但在教学方面却仍停留于传统的教学模式，学生被动学习，教师讲解过多。

9. 对新课程新课标新教材理解不透、把握不准

教材只是教学的依据，提供的只是一种方向、一条线索、一套信息。教师应该根据实际需要对教材进行添加、删减、调整、置换等加工。有些教师过分依附教材，不敢对教材的内容做适当的整合，也不注意给学生尽可能多地补充与课本内容难度相当的语言素材让学生学习和训练，影响了学生语言技能的进一步提高及文化知识视野的拓宽。

（三）培养课堂语言学习现状

1. 听说教学现状

部分高中学生会认为有必要学好口语和听力，而且自己也想说一口流利的英语。这说明学生知道口语和听力的重要性，有用英语进行交际的强烈愿望，但由于受学习条件和环境的限制，大多数高中学生听力和口语基础较差，听力和口语水平较低，表现在以下几个方面。

（1）语言障碍。

语言基础知识（包括语音、语调、语速、词汇、句型、语法等）不扎实造成了听说的语言障碍。例如，有的学生由于发音不准，误解了词义；也有的学生由于语法基础薄弱，对于一些较复杂的句子疑惑不解；还有的学生由于词汇量太少，不能理解词汇的确切含义；等等，即使想好了汉语，也不知道怎么用英语表达，怕说错。长此以往，学生便失去了自信心，也就对听力训练失去了兴趣。

（2）心理障碍。

有的学生对英语学习没兴趣，从心理上产生了抵触情绪，因此在听说训练时很少主动参与；还有的学生对听说训练不重视，在听说学习和测试中抱有侥幸心理，答题时碰运气；另外，部分学生心理素质欠佳，缺乏听说技巧，在进行听说训练时常常紧张不安、焦急害怕，心理压力很大，对听说产生恐惧感，造成严重的心理障碍，直接影响其听说技能的发挥。

（3）背景知识不足。

有的学生由于缺乏必备的英美文化背景知识，对英美国家的社会风俗习惯缺乏了解，没有注意到中外文化的差异而造成听说障碍。造成这些现象的原因主要有以下几个方面。

① 缺乏压力。目前英语高考对口语没有硬性规定和考查，学生缺乏压力，觉得没有必要投入大量的时间和精力。

② 缺乏动机。很多学生认为自己今后不会选择英语专业，不会用到口语，即使今后出国深造，参加短期强化培训也不晚。

③ 缺乏引导。许多教师，尤其是偏远欠发达地区的教师，不具备口语教学的能力，不能用口语驾驭课堂。

从客观上看，当前英语听说教学存在着要求与评价脱节、师资队伍培训与现代教学要求脱节的问题。从主观上看，很多学生和教师没能从长远与发展的战略高度看待英语交际的必要性以及听说能力教学对语言学习的促进作用。

2. 阅读教学现状

（1）过度关注语言点。

部分教师还沿袭旧有的外语教学方式，过度重视语言点，对阅读材料逐词逐句翻译，教师从头讲到尾，结果学生的阅读探究过程完全被教师包办代替。这样的课堂，教师既消耗体力，又耗费时间，学生被动式学习，失去了学习探究的动力，长此以往，学生也觉得枯燥乏味。在单位时间内，学生的阅读量、阅读速度、阅读技能和理解能力都受到了较大制约。

（2）完全淡化语言点。

部分教师认为，新课标教材淡化语言点和语法，对于阅读材料能理解大致意思就可以了，他们给学生指定了阅读材料和相应的问题后，只是让学生在限定的时间内找出与问题相关的答案就算讲完课了。这种做法失去了对学生整个语篇理解能力进行培养的机会。同时，由于学生词汇储备较少，因此学生无法经历对包含有重要语法语言点的单句或复合句进行剖析、理解和内化的重要过程。

（3）忽视背景知识的传授。

学生不能在特定的情境中理解课文，也便无法根据相关知识理解材料，这就会导致理解率偏低。所以，他们不能把已学知识运用到具体的实践中去，最终导致英语语言交际能力水平低。

（4）阅读范围狭窄。

部分教师认为抓住教材就抓住了高考。事实上，学生的阅读量需求相当大，要通过大量而有效的训练达到能独立阅读英语报纸杂志并能根据需要从网络等资源中获取信息的目标。而部分教师的做法和培养学生这方面的语言技能的要求有待改善。

（5）缺乏足够的阅读技巧与方法指导。

在实际的阅读理解教学中，有的教师对学生阅读技巧与方法的指导较少。即使有，也只是做一些简单的要求，如读多少，读什么，是先浏览文章后看问题、还是先看问题后浏览文章。在实际教学中，存在只求阅读数量不求质量和耗时太多、效率极低的情况，难以应对高考的要求。

3. 写作教学现状

（1）对写作教学重视不足。

长期以来，有些专家过多强调语言交际功能的重要性，使很多高中教师对写作常常持有一种错误的观念，认为写作无非是将口头语言呈现在纸上的过程，因此认为学生根本无须进行特别训练，只要掌握充足的词汇和准确的语法，那么写出好作文就不难了。再者，自高考英语试题中引进标准化题型以来，在英语考试中，不管是期中、期末考试还是高考，其题型主要是客观选择题，写作分数相对比重较小，并且写作水平很难通过短期强化而取得显著的提高，所以在实际的课堂教学中，写作训练往往被忽视。

（2）忽视学生的英语写作兴趣。

教师对学生作品缺乏多元化评价，导致学生写作内容脱离生活实际，学生缺少写作动机和表达自我观点的愿望。

（3）写作教学方式陈旧。

长期以来，高中英语写作教学形成了一套固定、低效、重复的程序，即教师负责挑选写作主题，提出写作要求，解释和指导写作方法，然后学生在规定的时间内完成并上交，教师再对学生的作品进行评改、打分。另外，教师发放范文让学生诵读、背诵。在此过程中，学生一直处于教师的管理和控制中，被动写作，选题的自由、创作的自由、讨论的自由、合作的自由和自我表达的自由都不能得到充分的发挥，于是他们的思维能力无法得到充分的发挥，心智发展需求无法得到满足。最终，写作之于学生成为不得不写的应付之作，于教师则成为一种不得不批的工作负担。这样单调而沉闷的写作教学方式，其效果可想而知，教师和学生对其都兴趣索然。

（4）教授写作教学的教师素质不高。

部分教师忙于知识点、语法的讲授，忽视了对写作教学深层次的研究；再者，对写作评价不够完善、对写作教学缺乏信心等因素导致了教师对写作专项训练的指导不够理想，很少有教师能基于写作特点和学生写作能力现状制订一套完整的英语写作教学计划。

（5）忽视培养学生英语交际能力。

部分教师的教学活动仍然把重点放在讲授课文大意、语言点、语法等内容上，没创造足够的机会、没创设足够的环境去训练学生的交际能力，使学生在语言运用时不能得心应手。

（6）汉语思维干扰。

由于各国在文化、历史、生活习惯等方面存在差异，因此西方人和中国人的思维模式也存在明显的不同。一般而言，中国人在表达观点时比较婉转，采用的是一种循环式的思维模式。而西方人的思维模式则是直线型的，他们在表达观点时，先将最重要的放在最前面，以引起读者的注意。于是在英语写作中，学生常常受到母语思维模式的影响，写出来的文章多是英文单词的堆砌，到处可见汉语翻译的痕迹，根本不是地道的英语表达。中国学生在写作时，习惯借助汉语思维，甚至用中文构思文章结构、安排内容，然后再将汉语句子逐字逐句地翻译成英语，结果就出现了大量的“中式”英语。

（7）英语写作训练缺乏。

为了方便备课讲评，教师对学生的训练采用单一的形式，学生的语言知识得不到有效综合运用；写作训练侧重于机械性重复训练，缺少搜索信息、处理信息和输出信息的灵活运用的技能训练。

通过对上述普通高中英语教学过程中的现状分析，我们应该认识到，普通高中英语教学转变教学观念、改进教学方法是当务之急。

二、英语课堂学生学习的现状

（一）普通高中生源现状

普通高中的生源一般都是被省重点、市重点中学经过层层筛选后剩下来的，很多学生的文化基础较差，更谈不上良好的行为习惯和学习习惯了，尤其英语学科更是他们共同的弱点。导致这种现象的原因有三个方面：一是新课程英语教材词汇量增加，课文篇幅加长，英语学习入门难度加大，学生失去了学习的信心，过早放弃对英语的学习；二是近年来高中大幅度扩招，一部分学习成绩和学习品质都较差的学生也得以升入高中，其中绝大部分都进了普通高中，所以普通高中学生整体素质呈下降趋势；三是有些学校片面追求重点中学的升学率，忽视了很大一部分没有希望考上重点高中的学生。

以上生源质量的现状，给普通高中英语教学带来了困惑。要确保这些学生进入正常的学习，普通高中英语教师任重而道远。

（二）学习动机的现状

普通高中学生学习英语的动机大致分为以下几种。

（1）极少数学生出于个人的兴趣、爱好学习英语，自身也有学好英语的愿望和积极性，而且在学习英语方面较有天赋，但在普通高中这类学生较少。

（2）多数学生为了考学的需要，提高英语分数可以考到较好的学校。高考成绩中，英语分数占总分数的1/5，是占有绝对比例的。

（3）部分学生想学好英语，但由于自身智力不是很理想或从小文化积淀达不到一定的水平，学起来很吃力，找不到较好的学习方法，也不具备较好的语言思维方式，学得很盲目，效果不佳。

（4）还有一部分学生无论是主观还是客观，都丝毫没有学习英语的欲望。

（三）学习能力的现状

从学生英语学习过程中应具备的能力方面来分析现状，具体如下。

1. 学生“听”的能力现状

造成学生听力问题的原因表现在以下几个方面：第一，学生语音知识存在问题，弱读、同化、连读、音素省略和爆破音等把握不好，在听以英语为母语的人士讲话或录音时感到困难。第二，文化背景知识缺乏，有的学生由于缺乏必备的英美文化背景知识，对英美国家的社会风俗习惯缺乏了解，注意不到中外文化的差异而造成听力障碍。第三，学生缺乏信心和吃苦精神，稍稍遇到点困难就认为自己不行。第四，有些教师的听力课一手按下录音机的按键，一手拿着听力答案，听完录音就核对答案，听力教学则是泛泛而过。第五，听力设备缺乏，一些经济欠发达地区的多媒体教室落后，上课多使用手提录音机，功能和音质都不理想，经常干扰学生听的效果，分散学生听的注意力。第六，听力材料有限，多数情况下，教师都是采用课本上的听力材料（如Warming up和Listening）及课文的朗读磁带来进行听力教学，但仅有这些听力材料是远远不够的。

2. 学生“说”的能力现状

（1）课堂内外经常说英语的学生微乎其微，绝大部分学生很少或者从不说英语。

（2）基础知识薄弱，如基本词汇、短语、句式的积累较为缺乏，难以说出流利的英语。

（3）部分学校在学生语言运用的课程设置中，对说英语的能力培养重视不够。

3. 学生阅读的能力现状

（1）学生对阅读内容及阅读课不感兴趣。

（2）词汇量有限，阅读速度太慢，阅读效率较低。

（3）学生从总体上把握文章结构的能力偏低。

（4）学生自主阅读意识差，没有养成良好的阅读习惯，也很少讲阅读方法。

4. 学生写作的能力现状

（1）大部分学生心理有障碍，总觉得自己写不出来，不敢尝试。

（2）英语知识储备不足。首先，学生掌握英语词汇量的多少，直接影响到他们的英语写作水平。学生掌握的词汇越丰富，写起来就越得心应手，主题思想就会被更好地表达出来，写的文章质量也会越高。但实际上，普通高中的多数学生掌握的词汇都没有达到教学大纲的要求，部分学生甚至连一些常用词汇都不能正确使用。于是在写作中，他们自然就不能把自己的意思恰当地表达出来，造成无话可说的境地。还有的学生虽然储备了一些词汇，但是词性不敏感，以至于造成词性的大量误用。其次，学生的语法知识不牢固。众所周知，学生只有掌握正确的语法规则，才能写出正确的英语句子。然而，普通高中的大多数学生对语法知识掌握得不够扎实，语法知识体系根本没有建立起来。

（3）缺乏相应的写作知识和写作策略的训练，甚至相当多的学生错误地认为写作就是相应英文词汇的堆砌。学生在写作开展过程中，不仔细考虑文章的主题，勉强凑足题目要求的字数就算完成。由于语言组织能力和谋篇布局能力严重缺乏，导致最后写出的文章结构松散、内容贫乏，甚至偏题、跑题。

（4）语言表达缺乏变式。对于教材中所学到的基本句式及语言现象，学生不能灵活使用，如不能恰当地用各种从句、非谓语动词等表达。

（5）文笔不流畅。大部分学生能勉强写出一些句子，但句子之间、段落之间往往缺乏连贯性，学生不会合理、恰当地运用连接词和过渡词，如and，though，besides，how-ever等，致使上下文的连贯性不强。

（6）中式英语现象较严重。中国学生用英语写作时不可避免会受到汉语思维模式的影响，很容易根据汉语的表达习惯造出不符合英语表达习惯的句子。例如，表达“有一些学生正在操场上踢足球”，很多学生就写成“There are some students are playing football on the playground.”其中就出现了语法错误。

（四）学习方法的现状

普通高中只有很少一部分学生能合理、高效地运用方法学好英语，大多数学生存在以下现状。

（1）习惯于死记硬背。学生只会机械地记忆单词是由哪些字母组成的，这是一种效率很低的记单词的方法，根本满足不了高中英语学习的需要。

（2）习惯于教师多讲，自己多记。学生把教师课堂讲的内容原封不动地复制到笔记本上。

（3）习惯于就英语学英语。学生不注重英语学科和其他学科之间的关联，忽视了英语学习过程中其他学科是载体的事实。

（4）习惯于单词、短语、句式间割裂记忆，不善于建立它们之间的某些联系。

（5）习惯于就单词想单词，而忽视了单词存在的语言环境和背景。

（6）习惯于盲目地做大量习题，而不考虑效果如何。

（五）学习效果的现状

（1）能按正常课程标准要求完成学习目标要求的各项内容，达到预期的学习效果，这只是普通高中的少部分学生。

（2）学习态度端正，但学习效果不佳。此类学生往往有自己憧憬的奋斗目标，成绩中上、不拔尖。导致这一现象的原因有四个：①基础知识不扎实。平时练习或做题时经常是基础知识得分率不高，该做正确的没做正确。②缺乏系统、有效的学习方法。虽然教师教授了各种学习方法，但学生能真正学会用的较少，大多仍用自己的一套。③不善于自我总结和查漏补缺。他们在考试中经常出现多次被教师纠正过的错误。④不敢相信自己的语感或第一印象，考试中修改已做正确的答案。

（3）想学却苦于不知如何下手。这类学生上课比较认真，作业能按时完成，但成绩与表现一般。导致这一现象的原因有四个：①基础知识薄弱。部分学生不敢或不善于问教师或同学，以致问题积累过多是造成高中学习的主要障碍。②自信心不足。大部分学生对提高英语成绩没有信心，只羡慕别人，而自己不够积极努力。③记忆的方法不正确。英语作为一门语言学科，需要记忆的知识很多，学生死记硬背的现象比较严重。④不能持之以恒。很大一部分学生缺少做事情的恒心和毅力。

（4）学习无信心。这类学生上课表现为注意力不集中，喜欢讲话、偷玩手机、睡觉等。这类学生无明确的学习目标，学习效果更无从谈起。

三、英语课堂教学的发展要求

《普通高中英语课程标准》（2017年版，2020年修订）对高中新课程英语教学发展提出了以下要求。

（一）发展英语学科核心素养，落实立德树人根本任务

普通高中英语课程具有重要的育人功能，旨在发展学生的语言能力、文化意识、思维品质和学习能力等英语学科核心素养，落实立德树人根本任务。实施普通高中英语课程教学应以德育为魂、能力为重、基础为先、创新为上，注重在发展学生英语语言运用能力的过程中，帮助他们学习、理解和鉴赏中外优秀文化，培育爱国情怀，坚定文化自信，拓展国际视野，增进国际理解，逐步提升学生的跨文化沟通能力、思辨能力、学习能力和创新能力，形成正确的世界观、人生观和价值观。

（二）构建高中英语共同基础，满足学生个性发展需求

普通高中英语课程应在有机地衔接初中学段英语课程的基础上，通过必修课程为所有高中学生搭建英语学科核心素养的共同基础，在语言能力、文化意识、思维品质和学习能力方面满足学生个性发展需求，为他们升学、就业和终身学习构筑发展平台。必修课程的内容与要求面向全体学生，具有基础性特点。同时，普通高中英语课程应遵循多样性和选择性原则，根据高中生的心理特征、认知水平、学习特点以及未来发展的不同需求，开设丰富的选修课程。

（三）实践英语学习活动观，着力提高学生学用能力

普通高中英语课程倡导指向学科核心素养发展的英语学习活动观和自主学习、合作学习、探究学习等学习方式。教师应设计具有综合性、关联性和实践性特点的英语学习活动，使学生通过学习理解、应用实践、迁移创新等融语言、文化、思维为一体的一系列活动，获取、阐释和评判语篇意义，表达个人观点、意图和情感态度，分析中外文化异同，发展多元思维和批判性思维，提高英语学习能力和运用能力。

（四）完善英语课程评价体系，促进核心素养有效形成

普通高中英语课程应建立以学生为主体，促进学生全面、健康而有个性地发展的课程评价体系。评价应聚焦并促进学生英语学科核心素养的形成及发展，采用形成性评价与终结性评价相结合的多元评价方式，重视评价的促学作用，关注学生在英语学习过程中所表现出的情感态度与价值观等要素，引导学生完成或调整自己的英语学习目标、学习方式和学习进程。

（五）重视现代信息技术应用，丰富英语课程学习资源

普通高中英语课程应重视现代信息技术背景下教学模式和学习方式的变革，充分利用信息技术，促进信息技术与课程教学的深度融合，根据信息化环境下英语学习的特点，科学地组织和开展线上线下混合式教学，丰富课程资源，拓展学习渠道。在课程实施过程中，应重视营造信息化教学环境，及时了解与跟进科技的进步和学科的发展，充分发挥现代教育技术对教与学的支持和服务功能，选择恰当的数字技术和多媒体手段，确保虚拟现实、人工智能、大数据等新技术的应用有助于促进学生的有效学习和英语学科核心素养的形成与发展。

第二节　英语课堂的教学观与学习观

一、英语课堂的教师教学观念

《高中新课程英语教学指导意见》是现阶段课程改革的纲领性文件，更是我们实施教学行为的教育观念与教育思想的支撑，它对英语教师的教学具有直接指导意义，也对广大英语教师的自身业务发展和有效教学行为提出了要求。作为一名普通高中的英语教师，应该深入学习和研究，努力在教学实践中摸索出一条属于自己的、从教育对象实际出发的教育教学思路，树立全新的教学理念。

（一）面向全体学生，满足相关需求

普通高中教育是面向大众的基础教育，英语教学也必然要为全体学生终身发展奠定基础。学生在英语课程学习中会存在智力、习惯、兴趣、性格、态度、能力、语言基础、学习方式等方面的差异。教师要承认和尊重差异，以先天的禀赋为基础，尽可能挖掘和发挥学生学习英语的潜能，并获得稳定的、长期发挥作用的基本品质结构，对于学生英语学习过程中的思想、知识、身体、心理品质等，教师都要认真关注，以满足不同学生的不同学习需求，真正做到面向全体学生。

（二）注重基础学习，为未来发展准备条件

帮助学生打好语言基础，为他们今后升学、就业和终身学习创造条件，并使他们具备作为21世纪公民所应有的基本英语素养，这应该是我们的英语教学方向。随着我国在政治、经济、文化和社会发展中地位的不断上升，对外交流的机会越来越频繁，外语学习已经成为全社会共同的需求，通过学校教育获取外语知识的途径越来越重要。所以，新的英语教学方向既要顺应时代潮流和人的自我发展需求，也要顺应未来社会发展的需求，使英语教育成为一种积极的，以关注人生、成就人生为主导的人文教育。

另外，除了英语知识本身的基础外，还要具备运用英语的基本技能。根据学生的认知特点和学习发展需要，着重提高学生用英语获取信息、处理信息、分析和解决问题的能力，培养学生用英语进行思考和表达的能力，为学生进一步学习和发展创造必要的条件。

（三）优化学习方式，提升自主学习能力

优化学习方式就是使学习方式尽可能完善，从而产生最佳效率。而一种完美的或高效的学习方式依赖于学生的自主学习能力，以达到自我调节和自我完善的目的。培养自主学习能力的过程就是进行自主学习的过程，也是引导学生培养积极主动习惯的学习方法，以形成各自有效的学习策略的过程。

学习方式（learning style）不仅是具体的学习方法，而且是学习新知识或解决问题时采取的一贯方式。学生接受教师所传授的、课堂所讲授的、书本所灌输的知识，然后去理解、记忆并回答考试题的传统教学方式，虽然能为部分学生打下扎实的基础，但学生被视为“应试的机器”或是“可填塞知识的容器”，他们没有受到应有的尊重，得不到应有的发展空间，难以发挥主动性和创造性。

二、英语课堂的学生学习观念

高中学生英语学习观念直接决定了学习方式和学习效果。因此，树立正确的学习观念是英语学习过程中的首要问题，更是值得广大一线教师和学生共同研究的问题。

英语学习观念（English learning belief）是人们对如何学好英语的各种各样的认识，特定的文化环境、个人的经历和他人的言行造成了学生英语学习观念的丰富性、差异性。但新课程背景下，对学生学习效果及学习能力有更新的要求，这些要求是传统的学习方式不能满足的。因此，广大一线教师要对指导学生树立新的学习观念和探究新的学习方式进行认真的思考与研究。

作为课程改革最大受益者的学生，不能袖手旁观，而要主动适应，树立全新的学习观念，要以自身为学习的主体去关注自己的学习以及各种能力的培养和提高。

（一）树立新课程背景下的学习理念

1. 自主学习理念

自20世纪80年代以来，自主学习已逐渐发展为教育的热点，尤其是语言学习的自主性更是被广泛关注。自主学习即启发和引导学生从“不会”到“学会”再到“会学”，逐步培养学生自主学习的能力。学生是认知的主体、实践的主体、自我发展的主体，应该由一个知识的被动接受者变为自我积极探究的学习主体，在接受知识本身的同时体验获得知识的乐趣，学会获得知识的方法。

2. 多元学习理念

学生在学习英语的过程中都展现了其特有的优势、独特的学习方法和不同的学习潜能，应该引导他们树立充分挖掘自身不同智能优势的学习理念。

树立自主学习理念、培养学习兴趣、激发学习动机是当今学生最应该关注的事情。

3. 终身学习理念

作为学生应该知道，现代社会是一个生理寿命延长、知识寿命缩短的社会，知识经济时代的学习与以往相比，无论是在内涵上还是在内容、方法、时间安排及相关影响上，都有着相当大的差异。第一，学习内容扩大与更替周期缩短；第二，知识总量的扩张与更替周期的缩短，每个人的学习时间都由青少年时期延伸到整个一生；第三，学习是维持生计与创造新的生活的手段。学习就是我们工作的组成部分，所以各行各业都提倡继续教育、终身学习。只有不断学习，才能始终把握科学技术发展的脉搏，才能始终站在知识创新的前沿，才能不断增强自身的竞争力，不断拓展自己的生存空间。停止学习的时间越久，可用的知识越陈旧，也越与社会脱节，越没有活力。反之，如果不断学习，则脑力激荡越频繁，理念越新，个人的生命力越强，社会的活力也越丰沛。

4. 优化学习理念

优化学习理念包括两个重要部分，即优化学习方式、提高学习效果。学生应该树立运用现代化学习手段和寻求探究良好学习方式的理念，同时更应该明确，学习辅助手段的优化是良好学习效果的重要保障。如利用多媒体手段、分组讨论合作探究等学习方式，都可以让学生积极地投入英语知识的学习中去，从而在轻松的课堂氛围中提高学习质量。优化学习理念也包括学生在学习过程中，通过认真研究、思考选择适合自己的学习策略，在有限的时间内，达到最高质量的学习效果。比如，经常运用知识梳理归纳法、趣味知识联想法等策略。

5. 创新学习理念

新课程标准下的外语学习要求学生从自身出发，挖掘自身学习潜能和自身学习的积极性、主动性，进行自主、探究、合作式学习。这一学习目标的实现要靠学生自身的积极探索、大胆创新，不断将创造性思维融入学习的情境中。当前英语学习方面有很多问题，其中最严重的莫过于对英语不感兴趣，缺少学习英语的动力。要提高中学生英语学习的积极性、主动性，树立学生学英语的自信心，就要转变学习观念，积极探索不同的学习思路，优化学习方式，学习者要努力为自己创造一个轻松、愉快的学习环境。

（1）科学利用多媒体和网络技术优化英语学习，运用多媒体技术创设教学情境、激发学习兴趣，做到寓学于乐。通过计算机对文字、图像、声音、动画等信息的处理，形成声、像、图、文并茂的学习系统，能起到激发兴趣、引人入胜的效果。通过对多种资源进行再次利用，做到对知识信息的不断加工、组合和整理，真正实现英语学习的大容量、快节奏、高效率。在收集、整理和应用的过程中，通过多种资源实现将知识、能力、价值观融为一体的学习。此外，我们在使用多媒体教学时，要充分考虑到学生学习的主动性和创造性，为学生学会自主学习提供前提条件。同时，为学生提供更加广阔的创造性思考空间，通过多媒体学习系统引导学生思考、讨论、回答问题，开发自主意识。

（2）充分发挥传统学习手段的优势，探索学习的新思路、新方法、新模式，“复习铺垫，以旧引新”与“创设情境”共存。学生要努力营造积极主动活泼的学习氛围，充分挖掘成功的学习经验和学习方法。学生学会课前先对教学内容、教学过程、教学步骤进行大致的分解，学会探索知识的规律，认识其本质特征，培养思维能力，掌握学习方法，这也是多媒体教学远远达不到的。

（二）探究新课程背景下的学习方式

要改变传统单纯接受式的学习方式。充分调动发挥学习主体（即学生自身）最大潜能的学习方式。

1. 自主学习方式

自主学习是一种全新理念的学生学习和教师教学的模式，是指学习者在学习过程中“能够对自己的学习负责”。换言之，学生能够就学习各方面的问题进行决策，主要包括确定学习目标、决定学习内容和进度、选择学习方法和技巧、监控学习过程、评估学习效果。也有人将自主学习定义为“学习者不依靠老师而使用所学知识的能力”。这种学习方式从一定意义上讲也是对“教不严，师之惰”的以教师为中心的传统模式的挑战。

语言学习的目的不是掌握语言知识，而是熟练运用语言来表达自己的思想，完成各种任务，更重要的是要掌握日后继续学习所必需的态度和方法技巧。这一目标的达成并不以学生掌握了多少词汇、能背诵多少语法条文为标准，而是以学生综合运用各种技巧模式对信息进行积极加工、对学习过程进行自我监控，从而能自然运用语言为标准。

2. 合作、探究学习方式

（1）合作学习是指学生在小组中为了完成共同的任务，有明确的责任分工的互助性学习，是新课程标准积极倡导的一种学习方式。小组合作时，学生各抒己见，取长补短；观点不一，集思广益。学生合作学习时，总是进行明确的分工，每一组的每一个学生都各司其职。学生间合作学习无论是对提高书本知识的学习效果，还是对学生间相互影响学习课外知识都有积极的促进作用。同学之间互教互学、彼此交流知识的过程也是互爱互助、相互沟通情感的过程，它能促进学生认知的发展，特别是责任心、人际交往能力的提高。

（2）探究学习注重学生自主探索真知的过程，注重满足学生的学习心理，给学生提供展示自我的机会，使枯燥的内容学起来饶有趣味。学生从兴趣出发，进行自主探究、思考，运用已有的知识经验、思想方法，自己解决问题，发现新规律，实现知识的再创造，实现从不自觉到自觉的学习，并形成良好的学习思维习惯。

总之，自主、合作、探究学习是学生在新课程理念下的一种重要学习方式。有效的自主、合作、探究学习，能够唤醒学生沉睡的潜能，激活封存的记忆，开启幽闭的心智，实现学生综合素质的提高。

3. 情感体验学习方式

学生在语言学习过程中，不仅要单纯记忆单词、短语、句式，而且要把自己融入语言环境中去感受、去体验、去品味，以便实现对知识的理解、领会、掌握、运用，让学生身临其境，真正感受不同语境中语言的运用效果。

第三节 英语课堂教学改革的发展趋势

一、国内英语教学改革的发展趋势

教学的产生和发展受到许多因素的制约，但社会、学科知识或能力和学生是设计与规划课程时要考虑的三个要素。当今世界知识经济的兴起、社会的信息化和经济的全球化使国际的竞争日益加剧。与此同时，全球化进程也使国际交往日益频繁，要融入全球竞争和参与国际交往，就必须掌握国际性的交际工具。作为当今世界重要科学技术、经济交往、金融贸易、政治外交、文化娱乐产业交往中最重要的语言，英语被视为推动国际交往和促进社会经济发展的一个重要途径。为此，各国政府在推行语言政策特别是英语教育政策的制定上，把英语置于很高的地位，使学生掌握英语知识和交际技能成为各国基础教育课程的重要内容。根据我国新一轮基础教育课程改革的精神要求以及国际英语教学的改革发展趋势，从《普通高中英语课程标准》所透射出的理念来看，国内的基础教育阶段英语课程的改革将出现如下一些发展趋势。

（一）以学生发展为本

正如《基础教育课程改革纲要（试行）》所指出的那样，贯穿本次课程改革的核心理念是为了实现中华民族的伟大复兴，是为了促进每个学生的发展。这一基本的价值取向预示着我国基础教育课程体系的价值转型，这种价值取向和课程体系的价值转型在作为英语课程改革指导性纲领的《普通高中英语课程标准》里也得到了全面体现。教育的根本目的在于提高人的素质，作为基础教育的一部分的英语教育，其课程改革应顺应时代发展的需要，以学生为本，面向全体学生，关注学生的身心健康，全面促进学生的发展，努力培养学生健全的个性和完整的人格，提高学生的人文素养，拓宽学生跨文化的国际视野，造就新一代高素质的社会公民。这将是英语课程改革发展的趋势。①

具体来说，首先，英语课程改革要从大方向上扭转一味培养学生掌握语言知识和语言交际能力的情况，更多地激发学生对英语学习的热情，使学生能够以兴趣为动力认真学习英语，从而掌握听、说、读、写等基础技能，并且具备一定的综合运用英语的能力，树立学生的自信心，帮助学生养成良好的学习习惯，教会学生在学习过程中能够使用有效的学习方法和策略，发展学生的自主性学习能力，使学生能够拓宽渠道，学会综合运用各类学习资源，为其终身学习与发展打下坚实的基础。其次，要充分了解学生的认知水平，从他们的实际水平和生活经验出发，鼓励学生发挥自主性对问题进行探究，积极参与实践活动，培养学生的观察力、想象力与创新力。最后，还要在英语教学工作中帮助学生了解中西方文化的差异，加强学生的跨文化理解和交流能力，培养学生的爱国主义精神和正确的人生观、价值观、世界观。因此，英语课程目标的制定、教材内容的编写、课堂教学的方式、教学活动的测评等都应围绕这一目标来开展。

（二）多元化发展

《普通高中英语课程标准》是根据我国新一轮基础教育课程改革的精神制定的某一学段的共同的、统一的基本要求，而不是最高要求，为满足课程对不同地区、学校、学生的要求，实行国家、地方和学校三级课程管理。我国由于地域广阔，地区之间在文化、经济和教育等方面的发展很不平衡，城乡之间以及西部地区与经济较发达地区之间在英语课程的开设条件、师资条件、教学条件、英语教学实际状况和地方对英语教育的需求等众多方面都存在着较大的差异，统一的课程标准要求不仅不符合教育规律，而且会限制教育的发展。因此，《普通高中英语课程标准》提出的分级教学目标，符合我国英语教学的实

① 郑鸿颖. 基于复杂系统理论的思维发展：中学英语课堂对话教学策略探究［J］. 四川师范大学学报（社会科学版），2020，47（1）：108-114.

际，也体现了基础英语教育的发展趋势。

随着课程改革的深入，地方在坚持共同的英语教学目标、执行国家课程的基础上，可以不用单纯作为中央课程政策的执行者，而是可以根据自身情况进行课程开发。这样可以完善地方负责、分级办学的基础教育管理体制，同时也为地方结合本地区具体情况设置具有特色的英语课程提供了空间，有利于全面提高学生的素质。此外，学校自主管理课程的权限也会得到增强，对学校以教师为主体开发校本课程的行为给予鼓励，希望能有更多更好的课程不断涌现。总而言之，以各地区实际为基础的多元化课程设置将会产生并逐步发展起来。

普通高中英语课程的总目标是全面贯彻党的教育方针，培育和践行社会主义核心价值观，落实立德树人根本任务；在义务教育的基础上，进一步促进学生英语学科核心素养的发展，培养具有中国情怀、国际视野和跨文化沟通能力的社会主义建设者与接班人。基于课程的总目标，普通高中英语课程的具体目标是培养和发展学生在接受高中英语教育后应具备的语言能力、文化意识、思维品质、学习能力等学科核心素养。

语言能力目标：学生具有一定的语言意识和英语语感，在常见的具体语境中整合性地运用已有的语言知识，理解口语和书面语所表达的意义，识别其恰当表意所采用的手段，有效地使用口语和书面语表达意思与进行人际交流。

文化意识目标：学生获得文化知识，理解文化内涵，比较文化异同，汲取文化精华，形成正确的价值观，坚定文化自信，形成自尊、自信、自强的良好品格，具备一定的跨文化沟通和传播中华文化的能力。

思维品质目标：学生能辨析语言和文化中的具体现象，梳理、概括信息，建构新概念，分析、推断信息的逻辑关系，正确评判各种思想观点，创造性地表达自己的观点，具备多元思维的意识和创新思维的能力。

学习能力目标：学生树立正确的英语学习观，保持对英语学习的兴趣，具有明确的学习目标，能够多渠道获取英语学习资源，有效地规划自己的学习时间和学习任务，选择恰当的策略与方法，监控、评价、反思和调整自己的学习内容与进程，逐步提高使用英语学习其他学科知识的意识和能力。

此外，伴随课程设置多元化而来的必定是多元化的教材。在“一纲多本”

教材编写的基础上，通过总结经验，将会出现“多纲多本”的教材编写方式。可以肯定的是，供给体制将会出现，也就是说，一套教材的格局会被打破，取而代之的是具有不同风格特色、适合不同发展地区、满足不同学生需求的教材，各地区与学校可以根据自身需要选择合适的教材，甚至可以直接引进国外的英语教材，这将大大推动多元化英语教学的发展。

（三）开放式发展趋势

随着社会的发展，科学技术在突飞猛进，多媒体、计算机、互联网等现代科学技术将会更多地被应用于教育中。这必然会对英语教学的环境和方法产生极大影响，加速英语教学方式从以教师为中心向以学生为中心转变。同时，现代教育技术的加入使教师的教学方式、课程内容的呈现方式和学生的学习方式都会发生显著改变，这也给教师的教学和学生的学习活动带来了不小的挑战。

计算机、电视、投影仪、各类教学软件等工具逐渐在教育中被普及，更多地出现在课堂上，这对课程内容的呈现与教师教学的方法而言，都有着巨大的影响。在这种背景下，教师的教学手段将更加丰富，课程内容呈现将更加直观、形象，这些都有利于激发学生的学习热情，并且能够改变过去枯燥的教学方式，使教学活动更具吸引力。同时，课外读物、音像资料、广播电视、网络资源等都是教材外生动鲜活的语言学习资源，这些资源能够使教师打破教材的束缚，不再一味地为了教教材而教。现代教育技术和多样的课程资源大大促进了开放式英语学习方式的形成与发展，对教师的教学方式和学生的学习方式产生了很大的影响。运用现代科技、使用丰富资源，大大开阔了学生的眼界，拓宽了学习渠道，使学生无论在哪里，都可以进行学习。

随着我国社会的不断发展，国家进一步对外开放，因此，在经济较为发达的大中型城市中，不断涌现出多样化的英语私立学校，这对传统的英语教学模式产生了巨大的冲击。此外，很多地方的学校开始聘请外籍教师来校任教，这些都将成为推动英语教学不断发展的重要动力。

总而言之，我国的英语教学呈现出开放式的趋势，必将迅速提升英语教学的总体水平，在这样的情况下，教师必须尽快掌握现代教育技术，完善自身的知识结构，提高自身的教学水平，以应对即将到来的严峻考验。

二、国外英语教学改革发展趋势

21世纪是英语教学蓬勃发展的时期，全球经济一体化进程的加快给英语教学提出了更新更高的要求，各种语言学理论，尤其是应用语言学、第二语言习得理论、教育学、心理学等学科的发展也促使英语教学必须进行改革。

（一）制定完整的课程标准与指导框架

国外英语教育界非常注重建立完整的课程标准或指导框架，以利于促进和指导英语教育朝着计划、统一、目标清晰的方向发展。例如，澳大利亚早在1991年就颁发了《澳大利亚语言水平指南》（以下简称《指南》）。这个课程指南为澳大利亚中小学教授除英语以外的语言（LOTE）和把英语作为第二语言教学（ESL）提供了涵盖语言共性的教学参考准则。《指南》提出了语言教学的五个目标：交际、社会文化、学会学习、语言和文化意识与普通知识，这五个目标没有先后之分，而是一个相辅相成的整体。《指南》对教学活动的类型、实现每一个教学目标具体的途径、课程资源的开发利用、评价的方法手段等都提出了非常详尽的参考标准。可见，《指南》对推动澳大利亚的英语教育，尤其是亚洲国家的语言教育产生了较大的影响。它不但指导中学开展多元的英语教育，而且成为英语教育课程评价的基础，指导各语种教学大纲和教材的编写，制定科学的评价方法，同时，它也为师资培训提供了参照框架。

（二）重视学生学习策略与自主能力

受应用语言学、二语习得理论和其他学科研究成果的影响，国外英语教学研究在20世纪后期出现了明显的转向，即从注重“教”转向重视“学”，也就是从语言学向教育学和心理学的转变。过去人们对语言研究的背景存有一种假设，即认为只要把语言描写好了，教和学就自然而成。对教学法研究的背景也有假设，只要设计好方法，任何人都能学好一门英语。但是，这些假设是无法实现的。因为总有一些语言学习者学得很好，也总有一部分学习者学得不理想。因而人们认识到，语言、教材、教学方法等并不是决定语言学习成败的主因。于是，进入20世纪80年代，应用语言学家和二语习得的研究者开始更多地转向研究第二语言学习的心理过程与学习者因素或个体差异的研究。这些学习者因素主要包括学习者的年龄、智力、语言学能、学习动机、情感态度、性格特征、认知方式、学习策略等。大量研究表明，即使在相同的条件下学习，学习者的语言发展速度以及他们最终达到的语言水平仍然参差不齐，这与学习者的个体差异有很大的关系。这些差异不仅影响学习者语言学习过程，而且对语言学习的结果产生很大的影响。

其中，对成功的学习者的学习策略进行研究是十分具有启示性的。通过很多研究可以得出一个结论，就是当其他条件相同的时候，学习策略上的不同决定着学习的最终结果。成功的语言学习者会主动参与语言学习，寻找或营造良好的学习环境，他们一方面注重语言知识的学习，另一方面注重对语言内在意义的理解，他们能够感知自己的学习过程，反思自己的学习方式，有针对性地选择合适的学习策略。成功的学习者擅长使用整体性学习策略（元认知策略），并有效监控自己的学习过程。学习任务不同，所调控的学习策略也就不同。很多研究表明，学习策略可以学习和训练，因此，假设将成功的学习者的学习策略拿给其他人学习，那么也可以在一定程度上帮助一般学习者改进学习方法、提高学习效率、取得良好成绩。从20世纪80年代中后期开始，国外英语界将教学重心从强调教师的教转向了注重学生的学。因此，在国外英语教育中，通常会把学习策略作为重要目标之一。

随着对学习策略研究的深入和实践，自20世纪90年代开始，国外英语界逐渐开始强调学习者的自主性，认为学习者本身在学习过程中具有决定性的作用。这是因为很多研究都表明，成功的语言学习者往往具有很强的自主性，他们能够自主学习、思考、评估、反思，能够将对语言的学习与对学习过程的管理有机结合起来。随着语言教学中交际化趋势的发展，自主性也成了语言学习过程中的先决条件。在很多国外的英语课堂上，教学中心越来越多地向学生迁移。因此教师最主要的责任是培养学生自主性，要引导学生爱上学习，教会学生如何学习，并逐渐培养学生独立的学习习惯，为其终身学习打下坚实的基础。

（三）应用现代教育技术与课程资源

自20世纪90年代以来，现代科学技术尤其是信息技术的高速发展对英语教学产生了重大的影响。从计算机、互联网等偏重于视觉体验的硬件、软件及媒体开始普及，英语教学中不断使用现代教育技术，在自主语言学习中心等学习新模式的建立中，可以看出英语教学从整体到局部、从观念到手段都发生了翻天覆地的变化。

其中，多媒体教学或计算机辅助语言学习是教学手段中应用最广的。多媒体技术具有多样性、集成性和交互性等特点，利用这种技术进行英语教学，能够将声、像、图、文融为一体，全面呈现出尽可能真实、贴近目的语言环境的学习氛围，同时可以提供更加丰富的教学资源和生动形象的语言素材，创造情景式学习方式。由于这样的语言素材具有图文并茂、有声有形的特点，因此能够改变传统课堂的机械、沉闷之风，从而激发学生对英语学科的热情，使学生主动参与到学习中。此外，这些语言素材具有多层次、多元化、网状分布的特点，因此学生可以根据自己的实际水平和个人情况进行自主选择使用，真正实现自主性学习。在学习过程中，学生必须充分发挥自主性，独立对素材进行了解、研究、分析、选择，培养自己的探索性学习能力。

在现代技术发展的前提下，互联网技术的使用打破了时空的局限性，创造出一种新的、有效的教学环境。网络教学将课堂与社会联系在一起，更加突出强调了学生在现实环境中的学习活动。网络教学还帮助教师突破教材的限制，为教师的教学工作和学生的学习活动提供更为丰富、直观、真实、生动的语言学习资源。除此之外，互联网技术还可以帮助学生与学生、学生与教师之间的合作学习。通过互联网，学生可以获得更多的机会，如在上网浏览材料的时候，在收发邮件的时候，都可以和目的语言国家的人进行交流。这样做不仅能提升交际能力，还能提升相关语言的多种技能，并融会贯通，最终发展出跨文化语言交际能力。

经济全球化的今天，呈现出文化国际化的潮流，社会的开放发展为英语教学提供了更加丰富的资源。无论是课外读物、音像资料还是影视节目，都属于比较容易获取的英语学习资料，这可以帮助学生随时随地通过不同的渠道学习英语。学生只要根据自己的能力水平、兴趣爱好、学习需求选择适合自己的资源进行学习即可。

总而言之，现代教育技术和更加多样的课程资源大大提升了英语教学的实用性、交际性和可操作性，还对师资力量薄弱这一问题进行了一定的弥补。但在现代技术带来了一系列好处的同时，也影响了教师的角色定位、教学理念和教学方法，英语教师受到了强有力的挑战，教师的知识结构和教学风格受到了强烈的冲击。可见，教师的教育方式、教学内容都必须以客观变化为基础进行改革。

（四）注重教师教育与教师发展

当今，整个教育理念都在不断革新，世界各国的教育都在改革，但世界各国的人们似乎都达成了一个共识，那就是教师决定着教育的成败。20世纪80年代，很多国家就开始了教师教育体制改革，这种改革甚至比各国最新一轮的课改还要早一些。《第二语言教师教育》是第一本系统探讨英语教师教育的专著，其中对于英语教学特别是英语教师教育领域已经和即将出现的变化进行了分析，主要体现在以下几个方面。

1. 对教师的任职设置高标准

西方很多国家为中小学英语教师设置了非常高的任职条件，如很多国家都要求预备教师必须在职前完成三到四年的本科课程，还要学习一年左右的专业教育课程，在按要求完成实习活动后才能取得教师资格证书。即使教师的母语就是所授语言，也仍然需要取得教师资格证书，否则不能成为英语教师。还有一些国家会要求教师到国外进修一段时间，从而提升语言能力。

2. 对教师的教育课程设置高标准

很多国家对于教师教育的课程设置都会随着时代的发展而进行改革调整。高标准的课程设置对于课程的完整与连贯十分重视，也十分强调该学科的目的与结构、知识与技能和教学方法，还要加强教学专业课程和学科教育学的学习，增加教学实践，将理论与实际联系起来。举例来说，德国在培养英语教师的过程中，第一阶段的重点是进行语言的学习，其中一半属于专业学科，另一半属于应用语言学和教学法，或者与之相关的其他课程；第二阶段的重点是见习，时间长达一年半，见习期间将得到专家教师的指导，还要参加与教学相关的研讨会，在见习结束后还要参加州组织的统一考试。统考的要求非常严格，不但要上公开课，还要进行至少两个小时的口试，也就是说课，最后还要撰写论文。

除了两个“高标准”以外，更重要的是对于教师的培养，其观念已不再是教师培训，而是“教师教育”。这种转变并不仅仅停留在概念替换的层面上，而是教师培养的深层内涵发生了根本性的改变。它淡化了职前与在职教育的区别，使教师培养更加整体化。新的教师培养观念摒弃了机械死板的传统观念，转向综合素质层面，如应用语言分析、语篇分析、二语学习理论、课程与大纲设计、课堂观察组织等，从而提升教师的基本理论水平，拓展其思维空间，为今后乃至终身从事语言教育工作打下坚实的基础。

除此之外，教师的发展问题已经成为各国教育界都十分重视的问题。教师的发展强调以教育为基础，鼓励教师观察自己在课堂上的行为表现，对自己的教学活动进行全面反思，客观、公正地评价自己的教学效果，在实践和反思中提升自己的学习能力以及发现、解决问题的能力，使自己成为一个能够充分发挥主观能动性且进行自主发展的英语教师。

第二章

02 高中英语课堂教学及策略

第一节 英语课堂教学过程与知识结构

一、英语课堂教学的过程

（一）备课

备课是指教师在课堂授课之前进行的设计准备工作，即教师根据大纲、课程标准等的要求和本门课程的特点，结合学生的具体情况，选择合适的教学方式方法，对教材内容做加工和处理，规划教学活动。概括地说，备课是教学过程的精心预设，既包含着教师对课程教学内容的理解，也包含着教师的创造性劳动。

1. 备课的原则

（1）更新观念。

备课应体现创新的教学思想，融入新的理念，结合所授知识内容，把握高考改革方向，从提高学生学科素养入手，激发学生学习英语的兴趣，帮助他们获取英语学习的成就感，从而树立学习英语的自信心。

（2）把握教材。

在了解全部高中英语教材的基本内容和结构的基础上，重点阅读当前学生所学教材，弄清本册教材的具体内容、教学要求和在整个高中英语教材中的地位与作用以及知识前后衔接和能力培养的近期目标与终极目标。

（3）遵循规律。

万事万物都有其存在、发生、发展的规律性。教学也不例外，也有其自身无法随意改变和违背的规律。所以，我们要遵循教学规律，按照教学规律办事，同时也要遵循《英语教学大纲》《普通高中英语课程标准》和《英语高考考试说明》这些纲领性文件，去探索属于我们自己的教学策略。教师运用这些理论来武装自己的头脑，并在教学实践中不断研究和探索，使教学理论不断充实和发展。

（4）关注差异。

根据具体学情采用不同的教学方法。最好的教学方法不一定是最好看、最热闹的，而应该是最符合学生实际情况和教学内容且效果较好的方法，能够做到因材施教。

2. 备课的内容

（1）备教材。

① 教科书的解读。科学地分析、研究、提炼教科书中要传授给学生的知识，整体把握教材的结构框架、知识内在联系以及前后知识点的衔接。教师在备课过程中要进行合理的知识整合，做必要的删减、增补、变式、转换、链接等。教材是学生学习的一种重要资源，也是师生沟通的中介。充分地利用教材开展创造性的教学，是新课程的基本理念。

② 教学大纲、课程标准及高考说明的解读。通过阅读、分析这些材料，教师充分把握对所授课内容要达到的能力目标和德育目标，设计出为达到预期目标所选择的凸显授课技能的策略。

③ 教学资源的开发、整合与利用。教师在备课时一定要思考课内与课外的联系、学科内各章节之间的联系、所教学科与其他学科的联系、学生旧有知识经验与新知识的联系。教师要通过阅读相关书籍，请教有关学科教师，或通过上网查询有关资料来充实个人的知识储备，以应对学生可能提出的种种问题。因此，教师在解读教科书这一课程资源的同时，也应该收集、筛选、整理和课堂所传授知识相关联的其他课程资源，如必要的拓展和延伸知识所用的文字、插图、列表的材料等，可以用实物展示，也可以编辑成课件材料进行放映。

备教材的目的是通过深入分析、研究和开发教科书及相关资源，使教师自身实现知识内化、能力提升，从而使教学更有针对性。备教材要从教学实际出发，首先，明确这一模块的任务、目标，了解被介绍的词汇和阅读部分的关系。其次，设计引出课题的导入问题，让学生在课堂上发散思维，自由发表自己的观点；同时营造轻松的英语氛围，使学生能自然地进入一个良好的学习状态中。在这部分还应收集大量的古今中外关于优秀教师的信息资料，如孔子、苏霍姆林斯基等。再次，备课时设计出有益于学生理解和掌握课文内容的表格，把教师的特点和教学风格进行对比。又次，梳理课文中知识点，精讲难句和语法，如动名词的用法和with的复合结构等。最后，设计出帮助消化、理解、巩固本课知识的各种习题及相关的作业。

（2）备学生。

素质教育的宗旨就是“一切为了学生的发展”。课堂教学要想达到师生双赢的效果，教师就既要钻研教材，又要充分了解学生，做到掌握学情、分类推进，使学生在不同程度上科学发展。学生不仅应该成为课堂学习的主体，更应该是教师备课的出发点和落脚点。教师上好课的前提条件是把学生的需要放在第一位，否则，无论多么丰富的教学都将失去它的真正意义。新课标下的教学已经变单一目标为多元目标，教学过程应该关注学生的知识、能力、思维和情感态度、价值观、内心体验、个人感悟等诸多几个方面。

好的教师和好的教学行为，无论课前、课中、课后，都应该把重点放在对学生诸多因素的关注上。学生是每位教师在每节课的备课环节上要考虑的重中之重的因素。教师在备课时先要了解自己的学生，把中差学生作为备课的切入点，课堂教学注重抓基础教育，其内容包括以下方面。

① 备学生的学科知识基础。每一学科都有其内在的知识结构，前后知识点的内在联系非常紧密。普通中学生的学科知识都是有欠缺的，所以每个环节都要有衔接，这样才能给学生梯子，让学生够得着。教师在教授新知识之前，把知识本身分析透彻是首要的条件，而对于教学对象的学生即教学主体能够清楚地了解也很重要。教师备课期间，要充分考虑学生对本节课知识的了解是怎样的，对于接受新知识中间缺失的衔接性知识进行填充或铺垫。在讲授新课前，特别要了解学生对原有知识的预习准备是否充分、新课讲授中可能出现的困难和障碍以及学生对新知识的兴趣是否浓厚等。

例如，Book1，Module 2 My New Teachers（语法——动名词）。首先，教

师用简练易懂的语言解释动名词的意义：表示行为动作，但在一个句子中又充当名词所能做的成分（个别基础不好的学生对于名词与动词的概念不能全面理解，教师也可以用自己的语言简单介绍）。其次，教师要运用某些策略让学生了解哪些情况下用动名词。有些动词后面一定要接动名词，如practise，mind，enjoy，finish，escape，delay等。再次，教师和学生一起对实际运用中出现的各种特殊情况进行归纳与总结，如动名词复合结构、动名词否定等。最后，教师让学生进行巩固练习，并布置作业。

② 备学生的文化知识背景。学科知识不是孤立于其他学科知识之外而存在，知识之间都是相互渗透、相互关联的，尤其是语言学科知识更是作为其他学科知识的载体呈现。语言是一切知识的外在表现形式，知识都是通过语言释义、表达、呈现、归纳、概括、总结出来的，离开语言，对知识的领会、理解、掌握、消化、吸收也就无从谈起。反之，离开其他各方面知识，语言的存在也是没有意义的。以上所叙述的辩证关系表明，要学好语言，先要有一定的社会文化常识、自然科学知识、社会科学知识等作为背景。教师在备课的时候要充分考虑学生的背景知识，可以对其做必要的扩充或增补，以便学生能更有效地接受和理解所学新知。

例如，Book 5，Module 6 Animals in Danger。在教学该课时，教师和学生一起收集濒危动物的信息资料并做相应整理，同时把收集来的内容分类记忆。比如，按动物生存地域分类、按动物性情习惯分类、按动物的存在数量多少分类等，师生共同探究动物濒临危险的原因、具体的拯救办法等。无论是在课前还是在课后，师生共同关注与本课相关的背景资料的积累和储备。

③ 备学生的学习方法。学生的知识结构、思维方式、行为习惯各不相同，决定了他们所采用的学习方式也各有差别。有的学生喜欢死记硬背，有的学生喜欢理解记忆，有的学生喜欢用旧知识带新知识，有的学生喜欢边学边联想，有的学生喜欢集体合作等。针对普通高中的学生现状，应该采用教师引领，学生合作探究、自主学习的方式。

例如，Book 1，Module 2 My New Teachers（Speaking）。本节课是口语教学，备课时，教师要考虑学生的口语水平和描述自己喜欢的教师所涉及的常用词汇、短语、句式等知识，设计小组活动任务，通过小组活动和对话的方式让学生合作学习、自主学习，使合作、探究与独立思考相结合，最大限度地优化学生的学习方式，提高课堂学习效果。

④ 备学生就是要关注学生的生活经验。高中生对于知识的掌握是建立在一定生活经验、生活阅历以及相应的知识基础上的。教师备课时，首先就要考虑怎样才能把学生的已有知识进行有效的开发和利用，知识的传授尽量在已有知识的基础上加上个人的经验和阅历，方能收到效果。

⑤ 备班集体学生整体学习氛围。教师在备课过程中要考虑班级特征、学生构成、智能结构、学习情况、兴趣爱好、对本学科的学习态度及代表性意见等。只有对班级了如指掌，教师才能统揽全局，科学实施教学方案。备学生是为了根据学生的年龄特点、实际水平以及具体需要等，采用合理的教学方法，收集相应的教学资源或创设恰当的教学情境进行教学。只有事先“备好了学生”，才能有的放矢地教学，高质量地完成教学任务。

（3）备教学法。

① 备教法。备教法就是遵循课标、考纲，从学生实际出发，设计优化的课堂教学方案，以实现有效教学的目的，并把教材的厚度（教材中隐性的内容）、精度（教材的重点、难点、关键点）、梯度（学生通过循序渐进才能掌握知识，提升能力）、广度（学生获得新的教材内容中有关的知识和观念）等内容备出来。教学方法是为达到教学目的、完成教学内容、遵循一定的教学原则而采用的一套教学方法，也是师生相互作用的活动。教学有法，教无定法，没有绝对意义上好的教学方法。教学方法是针对具体的教学目标、学生、教师而言的，是与当前的教学情境相适应的。任何一种教学方法都有其优点和特定的功能，也有其不尽如人意的地方。所以教师在备课时，尤其备英语阅读课的时候，既要考虑其使用性，更要考虑其灵活性，无论是教学方法本身还是组织形式或课堂管理因素的组成，都需要成为一个连贯的整体，为有效达成教学目标服务。

教学方法的确定要考虑四个要素：教学目的、教学内容、学生情况、教师素养。四者之间是相互作用、相互依赖的。

英语阅读教学的教法通常有事实细节梳理教学法（文章线索教学法）、主旨大意归纳教学法（文章主旨教学法）、推理判断演绎教学法、猜测词义联系法、段落提问教学法、文章讨论教学法、文章要点摘录教学法等。根据所给阅读素材的不同和学生的实际情况，教师在英语阅读课教学时就要选用不同的教学方法，在备课的时候就要仔细斟酌、全面考虑，处理好多样性和综合性、灵活性和调控性、积极性和整体性的关系。教学方法的选择，应该有利于教育与教学、教法和学法的统一，在关注教学效果的同时，还需要关注学生其他各方面素质和能力的提高。要实现这一教学目标，正确的做法是以一种教学方法为主，多种教学方法综合运用，相互渗透、相互补充，形成合力，最后实现优化。

② 备学法。教师要根据教学要求以及学生已有的知识水平、年龄特征等，导之以高效的学法。从课前预习、课堂阅读、听课笔记、知识记忆、分析运用到课后训练、笔记整理、知识梳理拓展等方面都精心设计，以便给予学生有效的指导。

③ 备考法。教师要认真研究大纲、课标、考纲等纲领性文件，针对教学内容的知识点、重难点和注意点研究考、练规律，精心创设课堂提问，用设疑讨论、目标练习、课后作业、单元检测、模拟训练、各类题型解析等方法，引导学生动脑、强化学生记忆、深化知识迁移、培养学生能力。

（4）备教具。

教师要善于运用网络辅助备课，以开阔学生的视野。不但精心地备教法、学法，还善于自己动手制作精美实用的教学课件，使教学直观，特别应备齐教具，要根据教法确定教具的数量。

（5）备自己（以下简称“备己”）。

备课要备教材、备教法、备学生，对此教师们已经认同并接受实施，而“备己”并不是所有教师经常思考的，或者说足够关注的。备课“备己”是教师学习、反思、成长与发展的过程，一定要清醒认识、深刻理解并主动地进行实践，提升自己并促进学生更快、更好地发展。

① 备课“备己”有利于教师积极适应新的课改内容，践行新的授课思路，

更新课改理念。新课程标准要求广大教师把教学重心放在如何促进学生“学”上，让学生成为学习的主体。在课堂上，教师要放手，把学生的主观能动性充分发挥出来，把学生的才能与个性真正链接并发挥出来。另外，新课程要求教师不能将教学游离于课程，而是要成为课程的研究者、建设者和开发者。所以，备课时“备己”可以帮助教师真正地理解和把握新课改的理念及要求，以形成正确的教师观、学生观、课程观、教学观等，并指导自己的教学实践。

② 备课“备己”有利于教师自身业务水平的提高。备课“备己”能够促进教师对自己教学中的各种情况及最终效果进行认真的剖析与反思，结合教育教学实际，积极进行教学研究。通过“备己”也可以使教师真实、全面地认识自己，了解自己的真实知识储量、业务水准、语言层次等各方面的素质。坚持备课“备己”，教师的文化素养和业务能力及语言表达等综合素质都能得到极大的提高，实现促进教师专业化成长的目标。

③ 备课“备己”对学生也会造成潜移默化的影响，有利于学生的成长与发展。教师在教学过程中发挥着主导作用，教师的人格、学识、言行无时无刻不在潜移默化地影响着学生。备课“备己”正是教师检视自己、完善自我、增强自信心以及自身魅力的方式，对学生而言也毫无疑问是一种无声的育人方式，会让学生的内心在不知不觉中产生变化，切切实实地感受到老师的乐观、积极、向上与关爱和期待，进而“亲其师，信其道”，得以更健康地成长。这有利于学生的发展。

在日常教学中，教师或多或少地都在“备己”。如：上课前，老师会写课前思考，从自己的已有知识和教材要求应该掌握的知识与技能的对接情况，考虑自己的教学切入点；教学设计时，教师时常会想如何运用新理念指导自己的教学实践，扎扎实实地提高课堂效率；教学后，针对自己的教学进行课后反思；等等。

（6）备板书。

教师的板书是知识主体及教学思路的外在呈现形式，既能体现教师的学科知识素养，又能体现出教师的综合素质，使之通过板书的规范性、逻辑关系的严谨性、语言呈现的精练性、知识呈现的科学性与巧妙性而清晰地展示出来，所以教师在备课的时候，不能忽视备板书。对于一个普通高中学生来说，要上好一节英语阅读课，忽视板书是不明智的做法。利用好板书，会对教学起到事半功倍的作用。

（7）备辅导。

辅导形式分为课内辅导和课外辅导。课内辅导是指在贯穿整个授课过程的教师指导下，学生自主学习，领会、吸收、巩固新知识，并延伸和拓展已有知识的途径与方法。简单地说，就是对学生自主学习的指导。课内辅导的策略直接影响教师的教学效果和学生的学习效果。（此处课外辅导不详细阐述）

（8）备作业。

学生的作业有利于对课堂所学知识进一步理解消化和巩固提高，是对课堂教学效果的检验。教师备课时对所设计作业的内容、形式、数量都要做详细的考虑，认真对待，因为完成作业的过程也是检验教师教学效果和学生学习效果的最有效途径。如果作业布置得科学，学生既节省时间，又少花费精力，还能收到良好的效果；反之，不但要花掉大量时间，又要耗费大量精力，事倍功半。所以，教师在备课的时候要精心设计、科学安排。

（9）备反思。

传统的备课，只注重教学目的与要求、教学重难点、教学准备、教学过程等方面，往往忽视了一个重要环节，就是备后记。备后记是对自己备课后在教学实施过程中教学效果的反馈，为以后的教学做好查漏补缺。成功的教学体现出教师创造性的教学思维以及从不同的角度和深度把握的教学内容。教师将教学过程中自己感受深刻、达到预期效果和引起教学共鸣等的做法一一记录下来，备后记的过程也就完成了。

3. 备课的形式

备课的形式多种多样，主要从以下五个方面分析。

（1）参与者：个人备课和集体备课。

个人备课就是教师对要讲授的知识内容进行分析、归纳、整理、挖掘、提升、再加工后，通过某种途径传授给学生的提前准备过程，是集体备课的基础。个人备课的基础是钻研学科教学计划、教学大纲和教材；个人备课的关键是在教授知识的基础上实现德育和美育目标；个人备课的重要环节是了解学生的学习态度、兴趣、方法和意志，激发学生的求知欲；个人备课的基本流程要通过全面考虑有目的地设计教学程序。对讲授的内容、基本训练、教学方法、教具使用、复习提问的内容、板书设计、作业选择等，需要怎么设计、怎样安排，都要进行周密计划，使教学成为有目的的系统活动。备课过程除了研究知识外，还应该关注如何通过教学过程，完成对学生情感态度与价值观的提升。

集体备课是把教同一门课程的教师组织在一起，对授课内容进行集体分析、归纳、整理、挖掘，共同研究、探讨，从而实现有效教学的课前准备过程，是在教师个人钻研的基础上集体进行的教学研究活动，是一种集体智慧共同研究讨论教学中普遍问题的方式。集体备课主要是通过参加学年组的集体备课会议进行。集体备课的保障措施如下。

① 确定三项内容：时间、内容、发言人。

② 确定统一标准：进度统一、内容统一、目标统一、重难点统一。

③ 氛围要和谐：参与备课者要各抒己见，认真讨论。

④ 过程要明确：一要剖析好教材及相关材料，弄清教材的思想性、科学性、系统性、新旧知识的联结点及新知识的生长点，吃透教材内涵知识的联系与区别；二要确定所传授知识目标及内容，明确培养哪些能力，把握知识的范围和深度；三要对备课内容进行详细记录。

（2）掌握知识，提升能力：运用分层教学法。

分层教学法是从科学学科（science subjects）教学法中迁移过来的，是教师在学生的智力、体力、文化基础、学习动机、情感、毅力、学习环境及条件都不一样的情况下（同一个班级、同一个教师的指导下，每个人的收获也是不一样的），有针对性地实施分层教学，从而达到不同层次教学目标的教学方法。分层备课是实施分层教学的前提。教师要在清晰理解大纲和教材的基础上，确定不同层次的教学目标。教师在备课的时候，把握好哪些知识是基础知识，即A组学生应该掌握的；哪些属较高要求的知识，即B、C组学生应该掌握的；然后设计教学的全过程。其中，要特别关注学习困难学生的问题和有特长学生潜能的发展。

备课的时候不但要把授课过程分层，还要把辅导和作业也分层。教师要根据学生的实际情况，规定不同层次的要求，给予不同层次的辅导，按不同层次进行作业设计，以实现课堂中教学、学习、发展同步和协调进行为宗旨，使各层次的学生都能得到最佳发展，从而全面提高学生的综合素质。另外，教师在备课的时候，需要收集和整理大量的素材，准备大量的资料并进行详细的分类别、分层次。具体操作过程如下。

①适当集中。

第一，单词集中。将本模块单词及与本模块话题相关的单词集中在一起，确定不同的分类原则，如按词性分类、按事物类别分类、按事件发生过程的先后顺序分类、按词根变化规则分类等，然后集中识记。例如，Book 1，Module 3，在备课的时候，将教材中所涉及的与交通运输工具有关的词、与行程路线有关的词归类集中。

交通运输工具的用词：bike，bus，taxi，car，double-decker bus，coach，motor coach，taxicab，trolleybus，tramcar，streetcar，underground，tube，subway，railway，train，express train，fast train，through train，stopping train，slow train，excursion train，commuter train，suburban train，railcar，sleeping car，sleeper，dining car，restaurant car，luncheon car，sleeper with couchette，uptrain，downtrain，luggage van，baggage car，mailcar，airline，boat，ship，plane，aircraft，jet，airliner，passenger aircraft，medium-haul aircraft，long-range aircraft，long-haul aircraft，propeller-driven aircraft。

与交通运输有关的人员用词：taxi driver，cab driver，conductor，inspector，ticket-collector，gateman，car attendant，train attendant，air hostess，stewardess，steward，aircraft crew，aircrew，pilot，ticket inspector，porter。

与交通运输场所有关的用词：taxi rank，taxi stand，railway system，railway network，station，railway station，station hall，booking office，ticket office，platform，waitingroom，platform ticket，platform bridge，left-luggage office，platform-ticket，airport，air terminal，tarmac。

与交通运输有关的其他常用词：ride，minimum fare（of a taxi），track，

terminal, terminus, rack, baggage rack, registration, timetable, change, transfer, connection, to change trains at..., to break the journey, to embark, to ship, to land, to transship, to disembark, to board a ship, to embark, to go aboard, to disembark from a ship, to go ashore, to land, on board a ship, aboard, to stop over at, take off, landing。

教师将单词归类后，利用适当的时间让学生集中识记，然后利用每节课课前五分钟反复循环记忆，直到学生熟记为止。

第二，短语集中。归纳本模块短语，用联想记忆法，将新短语以及和新短语相关联的短语进行相应的延伸与拓展。例如，Book2，Module1，教材中有“a lot of”这个短语，讲到这里的时候，就将所有学过的和“许多”相关的短语进行归纳与总结。

a large / great / good number of a great / good many a good few quite a few	+ 单数可数名词 + 单数谓语动词
many a more than one	+ 单数可数名词 + 单数谓语动词
a great / good deal of a great / large amount of quite a little	+ 不可数名词 + 单数谓语动词
a lot of / lots of a great / large quantity of large quantities of plenty of	+ 可数名词复数或不可数名词

第三，语法集中。教师在某一模块讲完之后，将其中出现的语法进行归纳、总结，找出规律，集中练习。在讲完Book 1和Book 2后，教师要将教材中涉及的定语从句的句子摘录下来，集中到一起，让学生理解句意，体会、分析

句子结构，总结规律，最后教师和学生一起集中整理整个知识系统：定义—结构—引导词分类—特殊情况下引导词的运用—与其他类似结构的区别—习题演练—熟练掌握、灵活运用。在备课的时候，所有内容都要认真准备，精心设计，涉及其他方面的知识时，也可根据具体情况适当集中，循环操练。此外，备课时还可以采用各种不同的集中策略，如分类记忆、对比记忆、区别记忆、分解记忆、联想记忆、前后缀记忆等。

② 反复循环。学生要对学过的知识进行反复再认，及时同遗忘做斗争，强化记忆，循环操练。

③ 阅读原著。阅读原著就是尽量多读外文的文字材料、文章和教材等，不断丰富和扩大自己的知识面。

④ 因材施教。学生的知识基础、学习能力、个性特征、心理品质各不相同，教师在备课的时候就要从学生实际出发进行准备。

（3）授课流程：导语、新授课内容、本节课的重难点、德育目标、课堂巩固练习、作业的布置。备课既是对新知识进行梳理、加工、补充的过程，也是对知识传授的各个环节进行研究、分析、合理安排的过程，更是对教学过程和教学效果进行预设的过程。所以，备课的每一个环节都要精心设计、巧妙安排。

① 备导语。导语是一节课的引子，既是新知识的引入语句，也是课堂氛围和学习气氛的调动语句。导语运用得好，对一节课的质量起着至关重要的作用，因此备好导语尤为重要。好的导语要具备目的性和计划性强，激励性和趣味性高，简练性明显，新奇性、灵活度大等特点。

导语的目的性强表现为重点、难点突出，段落清楚，层层紧扣，上下衔接，任务明确，克服随意性和盲目性，在符合总的教学目标的前提下体现教学意图，注重教材的特点和学生的实际情况。教师在备课时，对课堂导语要精心策划，具体表现在课堂导语言语的先后、讲述的缓急、语气的轻重、形态语言的配合、板书的布局等方面做到充分、周密。

好的课堂导语要如投石击水，激起学生思维的涟漪，具有极强的激励性，导入时的一词一句都应具有激励性，能激活学生的思维，引发他们强烈的参与意识，调动他们的兴趣，引导他们在愉悦的氛围中进行学习。

课堂导语应具有一定的灵活性。在课堂教学这一双边活动中，常有一些突发事件发生，这会让原先设计好的导语无法顺利达成，这时教师就必须采取相应的应变措施，临时变通。这就要求教师要有较好的教学能力，“吃透”教材，掌握精髓；“吃透”学生，摸清其基础和接受能力，做到胸有成竹，得心应手。

总之，教师在备课过程中设计出导语，做到以“情”“奇”“疑”“趣”入境，从开始上课就吸引住学生，从而达到思维定向、内容定旨、情感定调的作用，使学生耳目一新，兴趣盎然，有备而战。师生配合默契，才能为达到理想的教学效果做好铺垫。

② 备新授课内容。上好一节英语课，对于每一位英语教师来说并不难，难的是上好每一节英语课，使学生在课堂上最大限度地掌握知识，提高成绩。要做到这一点确实需要精心设计，不仅在内容上要仔细斟酌，也要在激发学生的学习兴趣、学习激情等方面认真研究。

第一，教师备课前要研读课标，比较教材，掌握教材的整体结构，深入了解学生的现状与需求，广泛收集相关资料，合理取舍讲课的内容，只能讲课标上有的、学生可能懂的内容，绝不讲课标上没有的、学生无法理解的内容。选择确定符合课标、适合学生实际的教学内容和教学方法，纵横渗透、整合。

第二，教师备课要备好五个点，即起点、重点、难点、“交点”、疑点。起点就是新知识在原有知识基础上的生长点。备课时，起点的设计要适合学生的实际，学生才能学、才肯学。起点过低，学生没兴趣，不愿学；起点过高，学生又听不懂，不能学。一堂课的重点是新知识的起点和主体部分，教师备课时要突出重点。一节课内，首先要在时间上保证重点内容重点讲，以重点为中心，辅以知识讲练，加强学生对重点内容的理解，做到“心中有重点，讲中出重点，学中会重点”。难点即是新知识中大多数学生不易理解和掌握的知识点。难点和重点有时是一致的。备课时，教师要根据教材内容的广度、深度和学生的基础来确定难点，一定要注重分析，认真研究，抓住关键，突破难点。例如，Book 1, Module 2的重点就是动名词的用法及特殊情况下动名词的运用，难点即是动名词的一些特殊用法。在备课的时候，教师要对动名词的特殊用法进行认真的归纳和整理，梳理出一条清晰的思路，认真分析和研究，找出能让学生掌握的最清晰、最简洁的理解和消化动名词的方法与策略。梳理的主体知识包括：只能接动名词的特殊动词（finish，forgive，avoid，allow，advise，appre-ciate，mind，miss，practice，put off，postpone，insist on，keep，enjoy，escape，suggest等）、动名词复合结构的构成和运用、动名词的否定形式等。有些动词后面既可以跟动名词，也可以跟不定式，如forget，remember，regret，stop，goon，try，mean，need等，要进行严格的区分。

③ 德育目标。英语教材的每个模块都围绕一个话题展开，每个话题都在学习知识的基础上，升华某种情感或某种精神。教师在备课时就应该在厘清语言知识、传授语言技能的同时，更加关注情感态度与价值观的取向问题。具体做法如下。

第一，钻研教材，挖掘德育因素，提炼思想精髓。新课标下英语教材的课文内容渗透着丰富的思想教育内容。这些丰富的思想内容的充分利用，主要靠教师深入钻研教材，认真挖掘教材潜在的德育因素，通过融合、渗透的方法，有目的、有计划、自觉地寓德育于英语语言教学之中，实现语言教学与思想教育相一致的教学目标。

首先，利用教材，树立正确的人际关系观。良好的人际关系对学生心理发展会产生强大的良性影响。例如，Book 1，Module 4主题为A Social Survey-My neighbourhood，谈论的话题涉及描述居住地、社区居委会等，教师在此基础上，引导学生讨论如何才能拥有一个好的居住环境，怎样处理好邻里关系，直至引申到人与人之间如何和睦相处的话题，并通过这些话题让学生明白友爱团结的重要性，知道善待别人便是善待自己，从而改变学生的不良态度，对形成和谐、融洽、友好、团结的人际关系起到积极的促进作用。

其次，利用教材，培养学生乐观向上的生活态度。例如，Book 1，Module 5，利用课文中提到的孔子、孟子、墨子三位古代哲学家的一些事例和名言，教育学生积极地面对人生，培养学生遇到困难不退却，知难而进，勇于吃苦，甘于奉献，独立解决难题，勇于冒险，勤于探索等积极乐观的人生态度。再如，

Book 2，Module 5 Newspaper and Magazines中讲述的是杨利伟凯旋的事迹，可以借此契机培养学生形成遇到困难不退却，知难而进，勇于冒险，探索大自然等乐观的人生态度。还有My New Teachers围绕学生喜欢的老师的形象展开话题，文中涉及一个理想的老师应具备的一些特征。教师可以让学生通过学习课文来归纳、总结一个备受学生欢迎的理想老师应该具有哪些特质。教师备课的时候，要对涉及这方面内容的素材进行必要的收集、整理，并进行切合实际的设计、安排。

最后，利用教材，培养学生的自信心和意志力。自信心是人们对自己力量的充分估计，是学生走向成功的第一步。如果缺乏自信心，自己不相信自己，就会失去主动精神，严重阻碍内在潜力的充分发挥。反之，意志坚定、自强不息是一个成功的人所应具备的品质。例如，Book 4，Module 4讲述了“杂交水稻之父”袁隆平的事迹，袁隆平对目标不懈追求的精神令人钦佩。教师借此帮学生积累一些描述奋斗、献身、冒险、不懈努力、不断进取等内容的词汇，如hard-working（勤奋）；devote all one’s life to science（一生致力于科学事业）；never give up，never lose heart（从不气馁）；be careful in science but be simple in life（对科学认真仔细，生活朴素）等词汇、词组。在此基础上，为学生准备一些为人类的科学事业而孜孜不倦地探索的科学家的事例，为学生知识面的拓宽准备充分的素材，从而激发学生为人类和祖国的未来而奋发图强的情感。

第二，收集相关素材，拓展能反映本话题思想内涵的材料。例如，学习Book 1，Module 2，教师指导学生主要归纳对比几位教师的基本特征和业务素养后，再收集古今中外一些举世闻名的老师的实例，如孔子、孟子等，通过学生自己收集和筛选的过程，让学生理解这些优秀的老师之所以备受人们的尊敬和信赖，是因为他们自身的人品和学识为学生树立了良好的榜样，从而让学生形成尊师重教的良好思想。

第三，为创造和谐的德育环境做准备。英语课堂的德育渗透，首先要为学生创设和谐的德育环境，使课堂生活充满爱、尊重与信任，处处呈现出诚实、宽容、自律、助人、同情心、合作、勇气等价值追求。教师应该把静态的书本知识转变为学生能自行解决多变的实际生活中道德问题的能力。

第四，为教学过程的德育渗透精心准备。这种渗透要适宜、适时、适度。在英语教材中，有一些我们进行德育的好素材。教师可以通过这些教材，找准切入点，联系现实生活中的人和事，对学生进行良好品行的养成教育。

渗透德育需要日积月累、潜移默化的影响，达到水到渠成的效果才能起到积极的促进作用，任何形式的勉强，都有可能产生消极效应，使学生反感。因此，教师要做有心人，关注学生发展过程中的每个细节，找准机会，适时教育，让学生自然而然地产生情感体验，从而内化为自己的道德意识。

④课堂巩固练习。课堂巩固练习是对课堂教学效果的进一步巩固和加强的有效手段与途径。学生掌握新知识后，教师设计具有针对性的巩固练习和知识检测内容，对提高学生知识运用能力有积极的促进作用。所以在备课的时候，教师科学、合理地设计好巩固练习是必要的，它是授课环节中重要的组成部分。

⑤ 作业的布置。作业是学生在经过一节课的学习之后，对课堂所学知识的进一步巩固提高的过程，因此具有针对性的课外作业，是帮助学生升华知识、提高能力的有效手段和办法。教师在备课的时候，不能忽视这一环节，要精心设计。

（4）静态备课和动态备课。

① 静态备课。静态备课是指认真研究学科教材和教学大纲以及考试说明等材料，弄清整体教学任务，在整体把握教材的基础上，明确每节课的教学内容，即知识目标，并确定重点和难点。在备课的过程中，教师应对知识点和技能点等进行仔细剖析、反复斟酌，厘清思路，摸索办法。

静态备课最主要的任务是要把握好教材的知识目标。教师要把教材中要求掌握的知识整理清晰，厘清脉络、区分类别，并根据需要做适当的知识扩充和延伸。例如，讲定语从句，就要把定语从句的相关知识整理好，如定语从句的定义；定语从句的引导词的基本确定思路；特殊情况下，定语从句引导词的运用；定语从句引导词和名词性从句引导词的区别；等等。

② 动态备课。动态备课是指教师在明确知识目标的基础上，研究有效的教学方法和学习方法，充分了解学生的学习兴趣、学习习惯、学习态度和个性特

点，把握好学生接受新知识的动态过程。

动态备课最主要的任务是把握好教与学的动态要素。每一节课都应该有特有的任务和需要实现的目标，教师必须对自己的教学目标有清晰的认识，并对“教什么”和“怎样教”进行规划。

动态备课在过去主要是备知识，因为过去的教学是以传授知识技能为主，教师带着知识走向学生，所以备课主要是备静态的知识。而新课改下的教学是以促进学生的终身发展为目标，教师们是陪着学生走向知识，备课主要是备动态的学生。此外，新课改中备课本身就是一种研究活动，因为每一个新课程教学方案的设计就是对旧教学方案的创新和改革。研究型备课有四性：开放性、互动性、反思性、创造性。开放性指备课内容，互动性指备课方法，反思性指备课过程，创造性指教学设计。过去静态的文字教案不断地向文字与思维相结合的动态的教案转变。

（5）备课呈现的形式：文字叙述式、表格式、图文相间式、音频播放式。形式应当为内容服务，因为它只是一种手段或是途径，而不是最终的结果。教学是一个非常复杂的活动，没有哪一种备课形式能适合所有的课堂教学。备课的关键是思想和方法，英语备课呈现形式多种多样，而恰当的备课形式对教学有着积极的影响。这里针对普通高中学生的英语基础列举一些形式，谨供参考和借鉴。

① 文字叙述式。文字叙述式一般由教学内容、教学目标、教学重点、教学难点、教学准备、教学过程、板书设计、课后反思等构成。其中，教学过程是该形式的核心。最常见的模式是复习—新授—巩固，这种模式的授课过程和备课过程都比较简捷、方便，对于基础不好的学生，这种方式备出的课程容易接受，但其缺点是过于强调教师的作用，不利于学生主体性作用的发挥，缺乏对知识与技能以外的目标的关注。

② 表格式。表格式备课的方式，其特点是简洁清晰、层次分明。表格式备课的具体样式是多种多样的。

③ 图文相间式。普通高中英语教师经常运用语言叙述式进行备课，同时，为了把有些问题更清晰化，在文字表述所设计的教学流程中，还应加些必要的

对比图示、图表等，以使备课内容更加丰富、具体，凸显重点和难点。

④ 音频播放式。有些课程的备课要准备音频或视频材料，如阅读课、听力课、研究性学习课程等。在授课或展示教学成果的时候都要应用到音频或视频内容，所以教师在备课的时候就要采集、整理相关的素材，进行必要的剪辑、录制等，选取有用的部分，为达到良好的教学效果起到积极的促进作用。

（二）授课

授课的每个环节都有技巧和策略，一名普通高中英语教师如果把每一节课授课过程中的每个环节都研究到位，真正做到思路清晰、重点明确、方法科学，势必会产生显著的教学效果。

按照英语课堂教学的特点和学生学习的特点，我们把英语课堂教学按照七个环节来设计，即warm up（热身），revision（复习），presentation（呈现），drills（操练），consolidation（巩固），summary（总结），homework（作业）。

1. 热身

课前几分钟，教师能否在较短的时间里调动起学生的积极性，吸引其注意力，使其思维进入兴奋状态，迅速投入学习中，是一节课教学效果成功的关键。因此说课前的warm up是课堂教学的重要前奏。教师应该选择丰富多彩的形式调动学生学习的积极性、主动性，使学生心情愉悦、轻松自然地进入学习状态。这样不仅能够调节课堂气氛，为传授新知识做好铺垫，而且能通过坚持经常的课前各种技能训练，培养学生的各种能力，极大地增强他们的自信，提高学生各方面的素质。

因为授课类型、授课内容、学情、师情等各不相同，英语课堂上所采用的热身形式也不尽相同。作为一名普通高中教师，经常采用的方式有以下几种。

（1）课前三分钟自编对话。

让学生自由选择搭档和话题，最好和新授课有某些联系，进行课前对话表演练习，每组时间限定在半分钟左右，每天外语课前至少四组或五组。学生每天课前坚持练习，不仅巩固了语言知识，而且培养了说的能力。

（2）课前三分钟单词速记抢答。

每学完一个模块，教师都在第二天利用课前三分钟进行熟记单词抢答训练。学生利用头一天课上学习单词时间速记单词，利用课间或自己的其余空当时间反复熟记单词。在第二天的课前，教师采用“两个不按顺序”法，让学生迅速反应所记忆的单词。所谓“两个不按顺序”，一是不按单词排列顺序，二是不按学生座位顺序，完全打破原有定式排序。采用这种训练方式，学生只有在单词记得特别熟的情况下才能应付自如，不但能让学生的注意力高度集中，而且能充分调动学生学习的积极性，以积极的心态和热情投入新知识的学习当中。

（3）课前值日生报告（Duty Report）。

教师在每节课前都应安排一名值日生用英语作“Duty Report”，即学生在自己所掌握的词汇范围内，选择自己感兴趣的话题向全班同学及教师报告。报告的内容涉及诸多方面，包括“My favorite season”“My hobbies”“My school”等。它既可以营造浓厚的英语学习氛围，激发学生的学习热情，起到课前热身的作用，又能提高学生的语言表达能力，有效地培养他们的创新意识。

2. 复习

课前复习是所有课堂教学中不可忽视的重要环节，英语课堂教学尤其如此。复习旨在通过再现原有知识，使其得到巩固和提高，并在此基础上有效过渡，引出新知。

课前复习应该避免的问题：①简单一对一提问；②所有学生千篇一律，忽视学生的个性差异；③只注重口头回答问题，忽视听和写的训练；④对语言的交际功能关注不够；⑤过分关注知识本身，忽视思维培养；⑥忽视能力培养和德育渗透。

课前复习的策略有以下几个方面。

（1）设计形式多样的复习方法，激发学生的学习兴趣。

复习方法有实践法、故事表演法、对比法、引导发现法、竞赛法、过程叙述法、归纳总结法、知识迁移法等。

① 对比法。讲British English和American English的时候，指导学生在课前了解英国和美国的文化背景与各自语言产生的历史背景，分析其原因，然后在课

堂复习时，运用对比填表格的方式，展现英国英语和美国英语的不同之处。

② 归纳法。讲Book1，Module 2 My New Teachers模块后的第二天课前复习时，让学生用自己的话归纳三名教师各自的特点。如：

Mrs Li：nervous，shy，kind，patient，explain clearly，avoid making you feel stupid，often smile，a bit slowly for the faster students.

Mrs Chen：strict，serious，doesn't smile much，organize the class well...

Mr Wu：popular，enjoy teaching Chinese literature，energetic，good-looking，talk loudly and fast，humous...

教师在学生叙述的时候将关键词写在黑板上，让其他同学一起回顾学过的知识，使全班同学都参与进来。

③ 过程叙述法。复习Book1，Module5 A Lesson in a Lab模块时，让学生用两分钟时间叙述一个化学实验过程，然后教师和其他学生一起补充，在复习有关实验所用单词的同时，又再现了化学实验的全过程，既巩固了英语知识，又培养了能力。

④ 竞赛法。在Book1，Module3 My First Ride on a Train的课前复习环节中，设计了让学生分组竞赛的方式，把全班分成四组，每组成员在限定时间内说出已经学过的有关交通知识的词汇或短语，说得既多又准确的一组获胜。这样的课前复习方式，既能调动起全班学生的学习兴趣，激发学生的学习热情，又能让学生以积极的心态投入新知识的学习中。

⑤ 知识迁移法。通过构词法来扩大词汇。如我们学习了"fortunate"一词后，前面加上词缀"un-"便构成反义词"unfortunate"（不幸运的）；加上后缀"-ly"便构成副词"fortunately"（幸运地）。当我们看到"fair"一词前面加上词缀"im-"的时候，我们便可以迁移，想到"unfair"便是否定意思"不公平的"；看到"lucky"前面加上词缀"un-"，就知道是"不幸运的"。

（2）考虑学生个性差异，设计有效分层复习。

关注每一位学生的差异是新课程的核心理念。在课堂教学特别是课前复习时，我们应该充分考虑学生的个体差异，不能采取"一刀切"、齐步走、统一规格、统一要求的办法进行课前提问，而要根据学生的个体差异，针对不同层次的学生采取不同的复习方式，提出不同的要求，选择不同的复习内容，使得课前复习更富有针对性和实效性。我们不妨把各个层次的学生平均分配到各组，再把各组的学生分为A（学优生）、B（中等生）、C（学困生）三个层次，根据课程内容灵活调整座位，这样既有利于小组合作学习时同学间以好帮弱、以好带弱，又有利于竞赛时同一层次的学生之间的公平竞争，教师也能更好地根据学生的具体情况进行因材施教。A层次学生实行高频率、多变化、促能力的复习策略；B层次学生实行多练习、稳步走、抓反馈的复习策略；C层次学生实行补基础、降难度、多鼓励的复习策略。

例如，Book 1，Module3 Reading and Vocabulary，教师在讲述本节课前用五分钟进行课前复习，一分钟复习单词，这方面的问题主要提给C组学生；两分钟讨论交通工具和交通路线及分类，这些主要提给B组学生；两分钟学生自由叙述自己曾经的旅游经历，这些主要由基础较好的A组学生来完成。这种分层次的课前复习方式，具有针对性强、实效性高的特点，使各个层次的学生都能得到关注。

（3）关注语言交际功能，提高语言交际能力。

学生的英语口语表达能力是综合语言运用能力的重要体现。为了提高学生的口语表达能力，真正落实英语教学的交际功能，英语课前复习时的一分钟对话（或情景对话）不失为一种好的办法，其目的是尽量让学生开口说英语。但在实际操作过程中，英语语言的交际功能往往被忽略了，一些学生片面追求自我展示或过分追求所用词汇的数量，语速太快，没等同学把问题问完或把问题听明白，就忙于按自己的思路表达，忽略了语音、语调、意群和轻重读，结果不能够真正运用语言的交际功能；也有一些学生一直用一些过于简单的句子，无法达到训练的目的；还有一些学生所述内容与本单元、本节课无关，起不了复习作用；等等。

（4）巩固语言基础知识，培养学生思维能力。

学生思维培养贯穿于教学过程的各个环节，课前复习也不例外。培养良好的思维习惯是学生高效学习的重要因素，也是教师高效教学的重要前提。因此，在课前复习的过程中和巩固基础知识时更应该注重思维的培养与训练。

① 缜密性。外语教学的每个环节都要求思维的严谨。学生在分析句子时要能够把句子本身已给条件和备选条件在短时间内建立起相应的联系，联系的瞬间对每一个关键词或关键短语都要综合考虑，漏掉一个条件或关键词都会导致思维偏差，影响对内容的理解和对所选项目的判断，以致误选答案。如“It will be a long time ____ he comes back.”很多同学不假思索地选择了since。这样选的同学就没有关注到时态的不同，而是混淆了句子“It（has been）a long time ____ he came back.”与本句子，因思维缺少缜密性而误选了答案。

② 敏锐性。学生在外语课堂的每个环节上都要保持思维的快速敏捷，应该能在最短的时间内提取出解题的关键信息，并能迅速将相关信息建立起有效联系。例如：It was reported that ____ in cloning animals by the scientists in South Korea.

A. many progresses had been made

B. good progresses had been made

C. much progress has been made

D. rapid progresse shas been made

上述句子中，首先要看出整个句子的整体结构是 It 作形式主语，that从句为真正的主语从句，然后迅速回想起短语make progress并记起progress是不可数名词，最后反映出所给答案用被动语态才能完成。如果学生在解题的时候能及时把所有相关信息提取出来，不仅能保证解题的准确性，也能缩短解题时间。教师在设计课前复习的相关问题及指导课前复习环节进行时，要考虑对学生思维敏锐性的训练，所以最应该关注的问题就是学生对知识的熟悉度和解题的速度。

③ 广阔性。思维的广阔性是指在处理问题的过程中，能够随时抓住问题的广阔范围进行创造性的思考，但又不忽略与问题有关的一切重要细节。思维的广阔性与人已有的知识经验的丰富与否密切相关。在训练阅读理解题的时候，学生思维的广阔性是解题最为重要的因素，如果学生对文章素材的文化背景知识一无所知，思维空间中没有任何相关知识储备，那么对很多问题的理解就拓展不开，难以进行逻辑推理和有效整合。所以在课前复习过程中，要经常设计

一些文化背景知识填充的内容，帮助学生丰富知识，拓展思维，如经常收集一些短小的文章，内容要涉及社会生活的各个方面——人物传记、时政、经济、文化、习俗、艺术、体育、娱乐等。

④ 深刻性。思维的深刻性就是指善于钻研问题，善于揭示事物现象的本质及现象间的内在联系。从简单的、普遍的、人们所熟知的现象中看出一切有关自然和社会生活的重要规律，便是思维的深刻性的表现。例如在课前复习中，教师结合所授新课内容设计一些小文章，让学生在表层理解的基础上挖掘其思想内涵，提升其精神高度。

⑤ 灵活性。思维的灵活性是指根据事物的变化，运用已有的经验，灵活地进行思考，及时地改变原来拟订的方案，而不局限于过时或不妥的假设之中，真正做到“因地制宜”“量体裁衣”。在讲解完有关知识点后，第二天新授课前利用三五分钟训练一个或两个比较有灵活性的习题，实现培养学生思维灵活性的目的。如我们讲“make use of”是“利用”的意思，学生能够掌握其基本意思，并能够运用于简单的句子中，在此基础上进行合理变形运用，如The use that people make of water is worth considering；再如“play part in”译成“在某方面起着……样的作用”，习题中经常变形使用The part that he played in the event was great。

⑥ 逻辑性。思维的逻辑性是指善于在思考问题时遵循逻辑规律。具体表现为：提出和回答问题时明确而不含糊；推理时合乎逻辑，遵循一定的规律，有充分的说服力，结论准确、鲜明。

⑦ 发散性。发散思维是一种重要的创造性思维，具有流畅性、变通性和独创性等特点。这种思维方式往往可以充分发挥人的想象力，使人突破原有的知识圈，并通过知识、观念的重新组合，寻找更新更多的设想、答案或方法。发散思维是不依常规，寻求变异，对给出的材料、信息从不同角度，向不同方向，用不同方法分析和解决问题的思维。一题多解的训练是培养学生发散思维的一个好方法，它可以通过纵横发散的方式，使知识串联、综合沟通，达到举一反三的效果。

（5）加强听、写训练，重视综合语言运用能力。

训练听力有利于全面提高学生的英语交流能力。单靠某一段时间的专项听力训练，忽略平时量的积累是不行的。把课前复习时间利用起来进行听力技能训练，不失为一种好的途径和办法。课前复习的时间虽然很短，但坚持下去一定会有意想不到的收获。教师可以把课前收集到的、能引起学生兴趣的经典短文展示给学生，然后让学生用自己的话复述，或采用让学生把自己事先准备好的内容口述给全班学生，并展开必要的讨论等办法训练学生的听力。

训练学生写作技巧的办法林林总总，其中利用课前几分钟进行长期训练是不可忽视的一个环节。具体操作的角度也很多，这里举一例：教师可以利用课前几分钟时间，将收集到的学生在写作方面出现的普遍性、典型性错误，用改错题的形式呈现在小黑板或实物展台上，让学生进行改正并分析错误原因。这种方法的效果比一般的语法训练要好得多。另外，让学生利用课文进行改写、缩写和仿写的训练策略也是课前复习的有效方法，它们是活学活用的笔头练习，既能巩固所学的知识，又能培养学生利用所学知识进行实际运用的能力。

总之，英语课前复习方法很多，英语教师应认真贯彻新课程标准的理念，根据学生的特点及发展水平，结合自身的教学特色，采取形式多样的课前复习方式，高效率、高水平地完成复习任务。

3. 呈现

英语课堂的知识呈现策略根据不同的知识内容各不相同，比如，单词直接呈现或词缀、词性迁移呈现；短语可以采用同义、近义、词根等方法归纳呈现；语法可以采用基础知识铺垫、系统知识梳理等办法呈现，也可以采用相邻知识间迁移呈现。教师在讲定语从句前要先给学生铺垫好什么是定语，同时帮学生理解句子的各部分成分及划分思路。只有把定语从句相关基础知识理解清楚，才能为更好地学习定语从句提供有利条件。再如，我们讲Book 3，Module3 The Violence of Nature（reading and vocabulary）时，就先用问题“What natural disasters do you know？”引出话题，紧接着呈现出一些自然灾害的图片，随后呈现相应的英语单词、短语以及句式，最后引入课文内容。

4. 操练

训练巩固活动是英语教学中的一个关键环节，在整个英语教学过程中起着重要的作用。快速有效地训练巩固设计，能够帮助学生建构知识框架，熟练掌握巩固运用所学知识，提高能力。当前英语教学亟待解决的问题就是如何设计好有效的训练巩固活动。

课堂操练应该具备的特点：①目的性、针对性；②实效性；③反馈矫正性；④激发兴趣性；⑤评价激励性。

5. 巩固

在课堂训练的基础上，教师给学生布置相应的内容，让学生灵活运用已学知识，以检测课堂学习效果，作为对课堂知识的补充和巩固。课堂训练这一环节中最重要的策略就是要有针对性和实效性。

6. 总结

课堂总结是英语课堂教学的最后一个环节，也是英语课堂教学的基本环节之一。每节课的总结部分在整个教学过程中起着画龙点睛的作用，也是体现英语课堂教学效果不可或缺的一个环节。教师在授课后，对本节课的知识内容进行必要的归纳、总结、提炼、升华，使学生在本节课学习的基础上，知识更系统、条理更清晰、思路更明确。常用的英语课总结策略有以下几个方面。

（1）归纳总结式。

在一堂课结束时，教师指导学生对一节课的教学内容用精练的语言进行总结归纳，指出本节课的重点、难点、易错点和易考点，引导学生对所学知识加以梳理，在头脑中形成系统和网络，使其加深对所学知识的理解和记忆，培养其综合概括能力。教师应尽量让学生自己归纳小结，教师只是适当地引导补充，这样能充分发挥学生的主体性，并调动其参与热情。

（2）集体讨论式。

利用讨论法结束英语课堂教学，不失为一种行之有效的好方法。教师根据课堂所教知识内容，多角度、多层次设置一些问题，让学生运用英语进行讨论，有意识地培养学生的发散思维能力。

（3）娱乐愉悦式。

在有些英语课堂，可以根据所教授新知识的内容巧妙地设计能唤起学生兴趣的结尾，让学生在愉悦中掌握所学内容，以达到寓教于乐的目的。具体来说就是把课堂所学的重点内容加以整理，如编成歌谣、歌曲等。又如，在讲多个形容词修饰一个中心名词时，学生用一句话就轻松掌握了形容词的先后排序知识，并很容易就能够理解和运用。

（4）渗透德育式。

一堂课结束后，学生应在现有基础上有所提高、有所进步，不仅包括知识方面，也包括情感上和境界上的提高。教师要通过潜移默化的熏陶和感染，使学生树立良好的道德观和人生观，这是英语教学的一个重要方面，也是素质教育的体现。例如，讲Book1，Module3 The Violence of Nature这一课时，在课堂结尾部分，通过本节课内容的学习，笔者设计了这样一个探究题：作为一名中学生，你能为保护环境做哪些有益的事情？（As a senior student，what can you do protect our environment？）这个探究题让学生在课文学习之外，再去收集和整理一些相关信息，提高对环境的认识，提高环保意识。

（5）巧设练习式。

新知识教授完后，教师要通过检验才能确认学生对新知识的掌握情况。英语课堂教学结尾有法，但无定法。教师一定要因人而异，因文而导，根据每堂课的教学内容、目标和重难点灵活地进行选择，充分发挥自己的特长，使每堂课都能得到升华，努力做到每堂课都能使学生带着对英语学习的乐趣和对知识的渴望而结束。这样的课堂一定会收到事半功倍的效果。

7. 作业

作业部分是一节课的最后一个环节，是课堂教学的延续。学生课外作业的质量直接影响学生课内知识的巩固和提高。所以，教师对作业的设计要尽量科学、有效。

（三）辅导

下面从辅导的必要性、辅导的形式、辅导的策略等方面进行分析。

1. 辅导的必要性

学生的情况各不相同，体现在知识基础、思维能力、学习习惯、性格特征等方面，仅仅依靠教师课堂授课是不能让所有学生都达到理想的学习效果的。据此，辅导就显得尤为必要了。

2. 辅导的形式

辅导的形式分为课内辅导和课外辅导。只强调课内辅导，学生缺少对知识的复习巩固；只强调课外辅导，缺少教师指导下的自主探究的过程。只有将两者有效结合，才能达到理想的效果。

3. 辅导的策略

（1）课内辅导策略。课内辅导是指在贯穿整个授课过程的教师指导下，学生自主学习、领会、吸收、巩固新知识，延伸和拓展已有知识的方法。简单地说，就是教师对学生自主学习的指导。其中，课内辅导的策略直接影响教师的教学效果和学生的学习效果。

① 选择适合的方式。在自主学习的课堂上，教师的任务就是根据教材和学生实际情况选择合适的教学方法，培养学生自主学习的兴趣。学科不同，知识分类不同，选择的辅导方式也不尽相同。科学的辅导方式会促进学生的学习；反之，难以达到理想的效果。例如，示范的具体操作过程是首先将一个汉语句子展示出来，指导学生分析句子结构及其各个成分。其次，让学生收集一些句子，同学之间共同为这些句子划分成分，直到大家都能对句子成分掌握得游刃有余为止。再次，指导学生把母语的这种知识进行迁移。定语从句的难点就在引导词的运用上，而引导词是由它在从句中所做的句子成分决定的。在这个基础上把英语的知识运用其中，就能得心应手了。最后，查漏补缺。整个过程就是教师把备课中所准备的材料，结合课堂的一个个环节，随着课堂的一步步进行，指导和引领学生来思考、分析、领会、理解、消化、吸收。

② 创设宽松的环境。进行课上辅导时，教师要尽最大可能创设让学生参与到自主学习中来的氛围与情境，激发学生对学习内容的好奇心，使他们积极地参与到学习中，并且在任务完成后能得到及时的反馈，看到成功的机会，体会到这样做的意义。学生只有在情绪自然心境放松的情况下，才能进行有效学习。

③ 激发学生的热情。自主学习的课堂应该是学生心灵放松，教师要为学生创造一个心灵放松的空间，让学生知识的获得、能力的发展、情感的升华、个性的张扬尽可能地融于精神活动之中。

④ 塑造高效调控的课堂。课堂内辅导学生进行自主学习，教师的有效调控是很重要的。自主学习中，学生是学习的主体。课堂上学生能够自动、自控地学习的时间是一定的，教师要把握“自主”与“自流”和“开放”与“放任”的界限，有效地进行调控。教师应该指导学生明确学习目标，在追求目标的过程中，按照一定的规律有序进行。教师还要注意灵活利用时间，四十五分钟全程调控，充分发挥主导作用。

（2）课外辅导策略。针对不同的授课内容，结合学生的英语学习实际情况，教师在备课的时候，选择有效的辅导策略，才能达到良好的课堂教学辅助效果。

① 从学生实际出发，做到有的放矢。普通高中学生的知识基础参差不齐，针对这种现状，可以把课外辅导分为以下几个层次。

第一，部分来自教学条件较差地区的学生，从小接受的英语知识少之又少，几乎是“英语盲”。不要说英语语感，就是英语思维都没建立起来。教师不但要在授课过程中考虑其学习能力，还要在课外辅导中注意其学习情况，选择这类学生能接受的语言和方式，甚至连辅导的内容都要用心琢磨，反复推敲。

第二，对于学习基础相对好点的学生，教师在进行课外辅导时，主要是从拓展知识、延伸课堂内容出发。为这些孩子准备课外辅导材料时，要考虑他们是否能带来知识的延展、能力的提高。

第三，教师在平时的英语教学过程中，对于学习方法这一问题，除了在课堂授课过程中不断渗透，在课外辅导的时候也要重视，阶段性地就某个知识专题的学法有针对性地归纳、提炼，如使用单词归纳记忆法、从句对比区分法、特殊知识口诀记忆法等。

第四，课外活动及社会实践等的辅导，教师备课的时候主要从学生已有知识结构和学生的个性特点考虑，如学生的兴趣、爱好、特长等诸多方面。

② 从良好环境出发，创造有利条件。教师在备课的时候还要结合课堂所授

知识考虑，如学生在课外学习的时候需要收集或查找哪些相关资料，或者还需要和哪些部门接触、和哪些人交流才能实现学习目标的达成等问题，为学生自主学习当好参谋，做到科学指导。必要时，教师要及时取得家长、社区及相关部门的支持，开放图书馆、博物馆、科技馆等。课外自主学习的辅导，要求教师对学习的方法有具体的指导，要做到目标明确，过程设计合理。否则，学生就会无的放矢，盲从无效。例如，学生到电影院看英文电影，到图书馆查看有关英文资料或到英语角交流等，都需要教师做必要的指导。

③ 从生活实际出发，联系社会现实。教师在辅导学生进行课外自主学习时，要与实际生活紧密联系，让生活体验也能成为课程的一个组成部分。例如，讲Senior1，Book1，Module5后，指导学生进入理化生实验室，分别做实验，并用英文表述整个实验过程；讲My New Teachers一课后，就指导学生课下进行口语练习，练习内容围绕“你最喜欢的老师应该有怎样的特点”。

④ 从开阔视野出发，拓展课外知识。辅导学生课外学习，以教材内容为主，相对向外扩散，拓展教材的空间，鼓励学生进图书馆、上网查找资料。教师在备课过程中，也要考虑并设计好指导学生在课下通过自主学习应该扩充的相关知识和应该培养的能力。

（四）评价

新课程下的课堂教学评价不仅要有利于促进教师教学行为的分析与反思，还要有利于关注学生学习过程中的情感体验，高中英语课堂的教学评价也不例外。理想的课堂教学评价应该是既有总结性评价又有过程性评价、既有主体评价又有客体评价、既有定量评价又有定性评价的完善的评价体系。

1. 创建课堂多元性评价

新课程下的教学评价既是对教师教学的评价，也是对学生学习的评价，主要以学生在课堂上呈现出来的参与、情绪、思维、注意、互动等状态及教学目标达成情况来评价教学效果和学生的学习效果。根据新课程要求，我们制定了以下教学评价表（见表2-1）。[①]

表2–1　普通高中英语课堂教学评价表

一级指标	二级指标	评价标准
教师教学行为表现	教学基本理念	关注学生已有知识，关注学生个性差异，面向全体学生，重视激发学生学习兴趣和落实三维目标
	教学情境创设	以情景交际为中心，强调学生交际技能、参与意识、合作交流意识的培养，有效利用多媒体
	教学内容处理	准确把握教材，突出重点、难点。重视生活实际，拓宽学生视野及其文化背景知识，有效挖掘各种课程资源，帮助学生构建合理的认知结构。注重过程方法的同时，更注重情感态度与价值观的教育
	教学基本技能	教学基本功扎实，课堂驾驭能力强，灵活处理课堂偶发事件，教学用语准确，板书规范，教态自然
学生学习行为表现	自主性	积极思考问题，主动参与课堂语言交际活动
	探究性	勇于探究，大胆质疑，积极发现问题
	合作性	善于与人合作，倾听意见，主动交流
教学目标达成情况		通过学生的积极参与，使教学过程中的三维目标顺利达成

通过课堂教学评价标准，可以看出英语课堂教学评价应该全面收集信息，关注学生学习状态和知识掌握程度的同时，也关注学生学习过程中的情感体验、过程参与、交流合作等诸多方面。此外，教师评价还应关注教师的教学策略和学生的学习策略。

2. 应用课堂激励性评价

英语课堂教学中，师生处于平等地位，学生是课堂学习的主体，教师是课堂活动的主导——是学生学习的引领者。教学过程中，教师的课程内容设置、教学语言的使用、教学方法的选择等各个方面都要从帮助和激励学生的角度出发，充分调动学生学习的积极性和主动性，运用探究式和启发式教学方式，激励学生积极参与课堂教学各个环节的活动，并能将所学语言知识运用于各个交

① 王德艳. 普通高中英语课堂教学现状及对策［M］. 南昌：江西高校出版社，2012.

际语境。例如，Book 3，Module3 The Violence of Nature，激励性课堂教学环节设置分以下几个步骤。

第一步，课前三分钟，教师让学生充分讨论世界各地的自然灾害以及自然灾害带给人类的损失，通过师生互动锻炼学生的语言运用能力、思维能力以及信息提取能力。学生新知是在已有知识的基础上构建的，教学效果的优化来源于主体思维的最佳状态。

第二步，在学生热烈的讨论中，教师适时引领，创设语境（如把事先收集好的有关世界自然灾害的信息资料及相关的文本展示出来），让学生自然而然地进入对新课程内容的文本解读和探究。如此，学生便能在教师不断地激励下获取知识，提升情感，培养能力。

第三步，在教师的进一步引领下，学生分组讨论以下问题：①造成自然灾害的原因有哪些？②作为一名中学生，你能为保护环境做哪些有益的事情？学生在讨论、交流中，既锻炼了运用语言进行交际的能力，又使自己的情感得到升华。

3. 采取课堂赞赏性评价

在课堂授课过程中，教师对学生表现出来的点滴进步都要及时给予认可和赞扬，并且帮助他们找到自己身上的闪光点和长处，这样不仅能培养学生的兴趣，还可以培养他们的自信心和坚强的品质。教师对学生的赞赏能充分调动学生学习的积极性和主动性，因此，教师要努力把课堂中对学生的学习评价过程看作不断寻找每个学生身上闪光点的过程，即赞赏每个学生的个性，赞赏每个学生的点滴进步，以使学生在教师的赞赏性评价中获得信心。教师对学生的赞赏形式应该是丰富的，既有口头，也有书面。常用的口头评价语有“Well done！”“Good job！”“Excellent！”“Wonderful！”等。有时候也可以用汉语的赞赏评价，如“你的口语真棒”“你的方法很好”“你的想法很有创意”“如果你的声音再响亮点就更好了”等。另外，教师还可以在作业中或试卷上写一些激励的话语，这些无声的语言，会对学生产生强大的动力，激发起学生学习的热情。

教师对学生的评价应该以人为本，尊重个体差异。充分理解并促进学生全面发展，既不是下一个确切的结论，也不是给学生一个等级分数与他人比较，而是更多地体现对学生的关心和关注。

4. 巧用智慧性语言评价

幽默作为一门课堂语言艺术，不仅能使人产生愉快感，而且能给人以智慧的启迪，让学生在意犹未尽的同时，对教师讲解的知识产生强烈的求知欲。因此，幽默的语言是语言评价的重要策略。对于学生在课堂上出现的与课堂教学不合时宜的行为，教师不一定非要义正词严地批评教育，而是可以采用一些含蓄的、委婉的方式进行评价，使学生在笑声中受到教育，这样不但没有耽误上课时间，而且使学生对教师更加尊重，并由此产生愉快的心情及对学习的热爱。

5. 遵循循序渐进性评价

教学本身就是一个动态生成的过程。在这个过程中，意外情况经常会发生，英语课堂尤其如此。学生的口语表达水平、语言丰富情况、语言背景知识储备、听说读写能力等都会在课堂教学中不断地反映出来，如果教师能在课堂教学进行的过程中时时关注、巧妙捕捉、及时评价，教师和学生都会收获意想不到的精彩，教师的教学效果及学生的学习效果往往会有意想不到的收获。英语课堂教学中，教师对学生的评价要以激励性评价为主，要善于发现学生身上的闪光点并及时肯定和表扬，让学生感觉到这种评价是实事求是的，是发自内心的。师生间在评价中交流，在交流中学习，在学习中提高，最终实现评价的人性化、平等、科学。

二、英语课堂教学的知识结构

英语知识从结构上来讲可分为单词、短语、句式、语法。单词是语言的基本单位，如果没有单词的积累，就无从谈起语言的其他层面。短语是单词的进一步扩展和完善，有了单词和短语的前提，才能根据一定的句式结构，组合出句子，进而构成文章，表达语意。

（一）词汇教学

1. 语音教学

（1）英语单词的发音和拼写之间有一定的内在联系，两者之间是有一定规律可循的。词类变化、单复数变形、语速等各个方面都受读音的直接影响，因此，英语教学中不能忽视语音教学。首先，在学习新单词的时候要让学生反复习读，教师及时正音；其次，对有些实词和特殊虚词要尽量把词汇赋予语意，避免学生机械地死记硬背，以致不能形成长期记忆；最后，语音教学要重视语音、语调。高中英语交际教学要求学生能够结合任务、情境、场合、文化等各方面的因素理解语音、语调、节奏、重音等各种变化，还要根据这些理解隐含的意图、态度以及更为丰富的语言内容。所以，高中的语音教学应该更生动、更丰富、更深刻、更接近生活。

（2）保证每天二十分钟到半小时的语音练习。学生通过“熟读”，达到“熟记”，最后才能实现“熟用”。

（3）教师自己的语音基本功一定要过硬。教师在授课过程中的语音、语调会对学生造成潜移默化的影响。如果教师的语音、语调标准地道，学生在不知不觉中就会效仿，久而久之，就会达到意想不到的效果。

2. 构词法教学

英语单词的构词法主要有三种：第一，转化法，即由一个词类转化为另一个词类；第二，派生法，即通过加前缀后缀构成另一个词；第三，合成法，即由两个或更多词合成一个词。此外，还有截短法、混合法、缩写法等。构词法是理解、记忆、使用单词的基本前提，是扩大词汇量的捷径。学生掌握构词法知识后，对于词汇的积累和记忆有极大的帮助。

3. 单词分类记忆

高中英语单词应该分类，区别对待。1000多个高频词汇，学生既要能够口头运用，也要能笔头运用，学习目标是看得懂、听得明白、写得地道、说得清楚，获得听、说、读、写“四会”能力。还有一部分单词仅要求学生达到能口头运用的程度。高中生单词掌握量要达到3000多个，一部分只要看得明白即可。所以，教师在教学前要先将其分类，然后就不同的教学目标运用不同的教学策略，实现最终的教学目的。

4. 单词记忆方法

单词的记忆方法因人而异，因学生基础而异，因要掌握的新词难易度而异。常用的单词记忆方法有词缀记忆、阅读记忆、类比记忆、兴趣记忆、重复记忆、联想记忆、组块记忆、语境记忆等。无论是在课上单词教授过程中还是在课下学生识记过程中，教师都要有针对性地进行指导。

5. 引导学生及时、定期复习

教师要向学生建议用科学的方法进行复习，根据遗忘规律，合理安排时间，有计划地做好定期复习，强化记忆。另外，培养学生利用词典进行自学的能力也很重要。教师要教会学生使用工具书，养成自主学习的能力和习惯。学生查找单词的过程也是对知识进行筛选和理解的过程。学生查单词的时候，并不是只查单词拼写和读音，还应该关注词汇的用法，如名词的可数和不可数、动词的及物和不及物、动词与副词或介词的搭配以及某些词语的固定搭配等。教师在备课的时候要设计一些内容，让学生通过自己查工具书实现自我学习。

6. 阅读对词汇掌握的促进作用

许多语言专家发现，在英语阅读理解过程中，对理解程度影响最大的因素就是阅读者掌握的词汇量。一般性的阅读理解必须掌握3000～5000个单词，这样的词汇量可以涵盖任何语言材料的90%～95%的单词。达不到这样的词汇量，阅读技巧和阅读策略就无从谈起。通常教师可以把这个词汇量作为阅读的突破点，学生词汇量越大，阅读理解力就越强；同样，学生阅读理解力越强，词汇积累量也就越多。教师应该指导学生进行大量阅读，因为阅读是比任何一种明确的教学方式更有效的扩大词汇量的方法。脱离语言材料的单纯的词汇教学是很难使学生的词汇量有巨大增加的，阅读是学习词汇的一种非常有效的方法。

（二）短语及句式教学

人们最常用的学英语的方法是背单词，甚至有人以能背出一本词典为荣。然而，词典上的解释是死的，语言的运用却是活的，因此最关键的不是背词典，而是语境。单词量没有多少实际运用的价值，机械记忆的单词量再大，也不会真正提高英语水平。学生要养成背诵句子的好习惯，因为句子中既包含发音规则，又包含语法内容，还能表明某个词在具体语言环境中的特定含义。

任何一种语言都有一部分内容具有约定俗成的特点，英语这门语言也不例外。英语学习中，完成词汇记忆之后就是对一些固定短语和句式的记忆与理解过程。这一过程和积累单词的过程一样重要，没有这一过程，学生对语言的理解也很难实现。在英语教学的课前、课中、课后，教师都应该考虑教学策略的实效性。

1. 短语和句式的“五多”学习策略

“五多”是指多说、多听、多读、多写、多记。

（1）多说。

多说就是教师指导学生多创设英语交流的情境，如学生间的交流、师生间的交流、朋友间的交流。学生也可以为自己创设交流的语境，进行模拟演练，如走进餐厅设计自己和服务员的对话，走进学校、班级设计自己和同学或教师某个场景对话，在家里随时可以设计生活场景对话，等等。

（2）多听。

多听就是经常用自己的耳朵去感受英语这门语言中的词汇、短语、句式等的音、义。如：可以经常听录音磁带，对其语音、语调进行反复模仿；可以多看看英文版电影或听听英文歌曲，感受英语语言国家的语言表达习惯；可以大胆地参与到别人用英语交流的氛围里，多听听各种各样的人的发音；可以“听读”，即边听边读，及时感受和体会所听到的词汇的音义。

（3）多读。

读的内容可以是教材，可以是课外读物，也可以是积累的短语句式集锦。读的方式可以是默读，也可以是朗读。每天拿出一定时间进行阅读练习将会对提高阅读速度及掌握词汇、短语、句式有很大的好处。在阅读教材时可以用精读的策略，对教材进行整体理解后，整理文章中的重点词汇、短语、句式，并及时巩固、记忆，也可以对其中一部分知识进行必要的延伸和拓展。对于课外读物，多采用泛读或略读的方式，学生能做到理解大意、领会主旨即可，并对文中典型短语、句式进行积累、记忆。教师也可以经常和学生一起收集整理一些现行范围内应该掌握的短语、句式，集中阅读并记忆，必要时，也可以用试卷的形式检测一下。

（4）多写。

有的同学总是抱怨时间紧，根本没时间写作文。其实“写”的形式很多，不一定只有作文才能提高写作能力。比如，写下一天中发生的一些重要的事情，或写当天学的某一个词组，创设一个语境恰如其分地用上这个词或词组、句式，这样既可以记住这个词的用法，又可以锻炼写作能力。

（5）多记。

学英语离不开记忆过程，记忆是任何一种语言学习的首要条件，离开了对语言词汇、短语等的记忆，语言的有效学习就无从谈起。记忆分有意记忆和无意记忆。有意记忆是指带着明确目的，对明确内容进行有意识的识记过程，如教材中出现的重点词汇、短语、句式等，要集中精力有意识地反复循环记忆。学生可以结合教材内容进行必要的整理、归类、对比记忆，还可以在网络或报刊中收集一些资料，并整理给同学。

2. 将记忆英语单词、短语、句式的时间化整为零

我们如果用整块的时间记忆词汇、短语、句式，不但枯燥乏味，而且达不到理想的记忆效果。如果把这些内容分门别类地化为知识板块，利用每天的碎片时间分散记忆，不但可以减轻枯燥感，还可以实现少而精的记忆效果。例如，每天睡前十分钟把当天记的单词梳理一遍，加强巩固一下，再把第二天的内容整理出来。每天早上起床后把前一天整理的内容进行记忆，饭后小憩的时间再重复一遍，午睡前再复习一遍，个别难记的内容，利用课间反复多次记忆，晚上再次梳理。

（三）语法教学

语法学习是英语学习的重要组成部分，它能帮助我们在习得词汇、短语、句式的基础上掌握必要的语法规律并能灵活运用，达到有效交流的目的。英语语法是英语学习的基础，正确的语法观念是自学英语的拐杖，也是提高学生各种语言能力的基础条件之一。英语语法种类繁多，如果死记硬背的话，会不胜其烦，再加上它本身比较枯燥，学生从中找不到学习的乐趣，因而语法学习成了学生学习中的薄弱环节。实际上，只要本着实用的原则，与语言的运用结合起来，语法的学习也是富有乐趣的。因而对于语法的学习，教师应该教会学生善于在理解的基础上学习，在学习中归纳语法规则、在错误中总结语法规律、在交际中使用语法监控等，使学生的语言知识与技能融为一体。教师在英语教学过程中要注意寻找规律，从而实现语法教学的有效性。

1. 训练语句结构意识

普通高中的学生成绩不理想，由众多因素共同导致，其中最主要的因素就是基础知识较为薄弱，知识间衔接的术语不清楚，导致新知识的理解不到位。比如讲三大从句时，学生并不是对引导词本身听不明白，而是对和过去知识衔接的句子成分术语不明白。如，定语从句要想把引导词运用明白，关键不在于理解和接受引导词，而在于句子成分划分。所以可采用以下步骤。

（1）学生高中入学后的初始阶段，教师先将汉语句子成分划分作为切入点，进行集中训练。

（2）学生能熟练掌握后，把汉语句子成分划分知识迁移到英语句子划分中，学生能准确地划分出句子成分后，再接受引导词就轻松多了。

（3）在理解的基础上进行必要的训练、巩固和提高。

2. 系统归类

英语词汇、短语、句式都要借助一定的语法建构在一起，形成能够完整表达语意的句子或篇章布局结构，才能真正清楚地表达想要表达的意义。要学好一门语言，字词是语言的基本单位，句式是语言的意群连接，语法是建构起完整句子的根据和准则，因此学好语法十分重要。教师在授课过程中要研究语法的规律和学习语法的策略，尤其是面对基础较为薄弱的学生，更要讲究教授的方式和技巧。其实英语语法的规律性相对较强，只要教师善于积累和思考，能使学生的学习更加简单化、高效化。

“归纳法”是一种较为有效的语法教学方法，“演绎法”也是常用的一种较为可行的方法。如果在平时的语法教学中能把归纳法和演绎法有效地结合，会带来更好的教学效果。除此之外，如果把语法完全孤立在语境之外，也是很难达到良好效果的。教师应该做到尽量在真实的语境中进行完整的语法教学，除了导入、呈现、归纳总结、训练外，更重要的是要确保学生能学以致用。在英语学习过程中，适合高中生的主要语法归纳有以下几个方面。

（1）从句，包括定语从句、状语从句、名词性从句。

（2）非谓语动词，包括现在分词、过去分词、不定式、动名词。

（3）强调句式，包括基本强调句式、对句子谓语动词的强调、not... until...的强调句式、大部分倒装以及一些特殊结构。

（4）虚拟语气。

（5）主谓一致。

（6）省略。

此外，还有“It”用法、反义问句等语法。教师通过简练但很系统的归纳，整理出一套适合高中生学习的英语语法学习体系，既能使知识条理清晰，又有利于学生学习掌握，努力实现学生学得轻松、教师教得自如的效果，最终达到教学的高效性。

3. 精选习题集操练

知识的传授过程固然重要，但知识的理解、消化、吸收、掌握、运用的过程也非常重要。教师对知识的传授只是一个开始，最终的教学效果和学生的学习效果还是由学生是否能够灵活运用知识来检测的。每一个教学环节都要考虑这一点，每个知识板块的接受和掌握同样要重视这一点。所以，在学生领会知识后，教师要设计有一定针对性的习题进行巩固练习是尤为重要的。

4. 设题点拨

英语语法中，通过归纳整理可以把每项专题的知识点系统化、条理化，使专题知识内容脉络清楚明了，有经验的教师能整理出每个知识点的设题点和设题角度。有些知识的设题点是相对稳定的，教师如果能清楚、系统地把每个知识点运用科学的方法使学生接受、理解、掌握，并能达到举一反三、触类旁通的效果，便实现了语法教学的最终目标。比如，讲虚拟语气中表示建议、命令、要求等意义的词，用于各种名词性从句中时，句子的谓语动词要用should加动词原形，should常可以省去。此时，设题者设题角度常有三个方面：①从句的谓语动词用被动语态，并省略should，如The doctor insisted that the patient（should）be X-rayed。②从句的主语是第三人称单数，且时态是一般现在时，如My advice is that he（should）be the first to go。③从句谓语动词是否定句，如

I suggest that we（should）not set off at once。

设题者选的三个设题角度都是学习者容易忽视或不太按常理呈现的形式，是学生容易迷惑的地方。再如，讲worth一词用法，基本设题角度有三个方面：第一，be worth+doing（主动形式表被动含义）或名词（表示钱或相当于钱的比喻性名词）。第二，修饰worth用副词well而不是very。第三，同义词worthy的介入，理解它们在用法上的区别和联系。①worthy能做定语；②be worthy+to be done，或+of being done，或+of+名词；③修饰worthy也用副词well而不用very。

如果教师能吃透教材，做到教学有的放矢，那么一定会达到良好的教学效果。

5. 教学的趣味性

语法教学中注重教学的趣味性很重要。如果教师一味机械地讲些死的语法规则，而不考虑学生的接受能力和注意力投入情况，也不把语言本身鲜活的生命力投入语言传授的过程中，就会让学生对语法的学习产生枯燥乏味的情绪，从而影响教学效果；反之，如果在语法教学中多涉及一些能让学生感兴趣的话题或有利于语法记忆的趣味性语言，便能够引起学生学习兴趣，随之产生良好的教学效果。

例如，在讲授主谓一致的时候，有这样一组词，句子的谓语动词根据前一部分内容决定，在教学中可以把这些词串联在一起：“三比”（rather than，no less than，more than），“三除”（besides，but，except），“三一起”（with，together with，along with），也（as well as），包括（in cluding），像（like），not和in addition to。

第二节　英语课堂教学的知识技能

语言知识学习最终达到的目标是实现听、说、读、写能力的提高。教师在英语教学过程中对于四项技能中每一项技能的培养和训练都要认真思考，并采用一定的方法和策略来完成。

一、英语课堂教学的听说技能

培养学生听的能力要坚持反复地训练，要从听的基本功开始，到听的技巧再到听的训练频率及听的时间安排等，从多方面进行考虑和计划。

（一）树立正确的观念

学习语言的最终目的是交际，如果既听不明白，也说不出来，只会书面表达，那么语言学习毫无意义。因此，语言学习过程中，首先要解决观念问题，树立重视听说的观念。听说教学也应该是英语教学的核心所在，而认为听说课可有可无、可练可不练，听力教材可用可不用、可浅可深、可旧可新的想法是需要改变的。只有树立正确的观念，才能认真满足高中英语教纲中每个单元至少有一节口语课、两节听力课的要求。此外，教师还应该在学生的碎片时间里合理安排，适当训练。

（二）注重单词读音策略

标准的单词读音是训练听说能力的前提，没有标准的单词读音作为基础，听说能力的培养就无从谈起。教师在平时的课堂教学及各项辅导中，都要关注并熟练掌握英语单词的读音，同时还要关注各种读音规律，如连读、缩读、爆破音、破擦音等读音。教师可以在课上或课下指导学生把应该掌握的单词反复朗读，直至读准、读熟。

（三）培养良好习惯

从英语教学角度而言，向学生提供大量的听说材料以及听说为主的活动是扩大学生语言输入的好途径，有助于提高学生听力水平，对培养语感和语言运用能力具有很重要的作用。

英语听说能力的提高绝非一蹴而就的事，必须长期不间断地进行精听或者泛听训练和交际训练。因此，养成良好的听说习惯尤为必要。培养学生良好的英语听说习惯，教师可从以下几个方面入手。

1. 课堂上尽可能地使用英语教学

听说能力的培养和提高是目前英语教学的重要目的之一。听是信息输入的过程，说是信息输出的过程，学习语言首先要有足够的输入量，然后才能输出。学生通过视、听等手段广泛地获取英语语言信息，然后将这些信息理解和消化，通过长时间信息输出训练，才有可能形成良好的英语口语交际能力。良好的语言输出即“说”能够激发学生学习英语的兴趣，促使学生主动、积极地进行更广泛的语言输入。学习发音、学习对话、学习任何形式的讲话都离不开听说。目前我国一部分地区的经济欠发达，甚至有些地方还较落后，缺少英语存在的背景及自然的英语环境，除课堂四十五分钟外，学生很少有机会大胆使用英语，要想提高听力和口语并非易事。所以，教师应该尽量用英语授课，少用或不用普通话，利用好课堂四十五分钟对学生进行潜移默化的影响。在起始阶段，教师可借助实物、直观教具、手势、眼神、动作、语调，辅助解释所要表达的内容。教师还应让学生充分发挥自己的才能，多讲多练，最好选择一些英美人士的原声录音，让学生接触地道的英语。

2. 利用课前几分钟，抓好“热身运动”

多设计一些让学生有话可说的话题，使他们能够彼此交流，互相倾听，在探讨问题的过程中，实现听说能力的培养和提高。例如可以进行值日表演，对话、演讲或复述课文，并要求其他同学复述值日生所说的内容。学生通过每天的值日报告，既训练了口语，又提高了听力。

3. 利用碎片时间坚持训练

指导学生在日常生活中，养成利用碎片时间练习的习惯，比如，早晨起床穿衣服的时间、洗漱的时间、吃早饭的时间、课间休息的时间、晚上睡前的十几分钟时间，都可以打开录音机、电视机、广播等各种能播放英语材料的设备，一边安排日常生活，一边留心听力材料内容，即使有些内容不是听得很明白，长期坚持也能起到积极的促进作用。日常生活中，和学英语的人在一起时，尽量多用英语表达自己的意思，坚持下去就会达到意想不到的效果。

4. 帮助学生养成听英语新闻的习惯

普通高中的学生基础较为薄弱，需要在教师的指导下进行必要的知识积累。可以听一些英语新闻，必要的话可以先了解新闻的内容，再听英语材料，坚持下去就会有显著的效果。

（四）发掘有效的听说资源

除完成教材中的Warming up和Listening及课文朗读带、《同步听力》中的听力练习材料外，教师还可结合高考听力测试的语速，从学生的实际情况出发，选择一些贴近高考的仿真试题和高考真题的听力材料。此外，《学生双语报》《英语辅导报》或节选的一些英语节目实录等都是极好的听力材料。教师可以每周利用一节课进行听力强化训练，以便学生熟练掌握听力技能，提高听力水平。

（五）储备文化背景知识

如果学生不了解英美国家的社会制度、风土人情、民俗习惯、人们的思维方式及价值观念，就很难听懂听力材料的内容，因为特定的文化产生独具特色的语言背景。学生要提高英语听力水平，一定要有足够的语言文化储备，可以通过多读多记，勤于积累，丰富语言文化知识，培养跨文化交际意识。学生还可以寻找机会与外国人交流，了解英美国家的概况，或多看一些原版的英文材料，如《伊索寓言》等，也可以看一些英文电影、英文电视节目。语言文化知识面扩大了，听力能力也就自然而然提高了。

（六）掌握听说技巧

教师要注重学生听力技能的培养。学生熟练地掌握了听力技巧，听力训练就会起到事半功倍的效果。

1. 帮助学生缓解过度紧张的心理

如让学生做做深呼吸，望望窗外的风景，有条件时，教师还可以放一段轻音乐，让学生的心情平静下来。

2. 培养捕捉瞬间信息的能力

通过训练帮助学生捕捉听力材料中的关键词，抓住涉及的时间、地点、人物、身份、职业，或谈话人之间的关系，谈话人的态度，简单的数据等，做到有的放矢地边听边记，并对语境信息进行综合分析，进行适当的编码。

3. 培养预测判断的能力

培养学生在进行听力测试前通过阅读试题所给的问题，预测材料大致内容的能力。指导学生在把阅读材料拿到手后，抓住有限的几秒或十几秒的时间，快速浏览分析试卷上的问题，预测和判断对话内容，并根据不同的语言材料和已知的信息线索预测与判断所听材料的内涵意义。有些听力材料所设的问题本身就存在“泄密”的现象，学生要有未听先知的预感，听时做到心中有数，重点突出。

4. 培养英语思维能力

促进学生建立英语与客观事物的直接联系，培养学生直接用英语理解、表达思想和传递信息的能力以及在真实的自然情境中运用英语的能力。加速培养学生的英语语感和学习英语、想象英语的能力。

总之，培养学生的听说技能不是一蹴而就的事，而是一个循序渐进的过程，教师要在心理、知识、技巧等各个方面进行必要的指导和训练，才能保证学生的听说能力有较大程度的提高。

二、英语课堂教学的阅读技能

当代阅读认知理论认为，阅读是一种从印的或者写的语言符号中取得意义的心理过程。阅读也是一种基本的智力技能，是一系列的行为或过程的总和。研究阅读理论是为了揭示阅读过程中读者的思维活动规律和心理活动特点，分析影响阅读的诸因素，从而更有效地指导阅读教学。选择适当的阅读策略，不但能扩大学生的词汇量、丰富学生的语言知识，而且有利于学生了解西方英语国家的文化。所以，英语阅读策略是英语教学中值得探究的问题。

（一）动机激发

英语教学实践中，兴趣是学生积极开展英语学习的直接推动力，是学生进取向上的潜在力量。对学生英语阅读兴趣的培养是英语阅读教学的关键环节，也是提高学生英语阅读能力的前提。因此，教学中应有意识、有目的地培养学生对英语阅读的兴趣，使学生在阅读的同时也能得到愉快的情感体验。

（二）氛围感染

感染是每个个体在无压力的情况下，通过语言、动作、表情等方式引起的与别人相同的情绪和行为。普遍认为，感染分为情绪感染和行为感染两种。其中，情绪感染就是所有参与者在态度、信念和价值取向等基本相同的情况下，被感染产生的促进个体间的模仿过程。英语阅读教学中，注重调动班级群体或阅读群体的积极因素，产生群体阅读动机，带动每个个体积极的心理阅读指向；反过来，个体的积极阅读动机又会促进群体阅读动机的形成。这种相互作用的感染，是培养学生进行英语阅读的行之有效的策略。

（三）课文的阅读培养

1. 热身巧妙导入

新教材的每个模块的阅读课文前都有热身内容，这部分内容既是对本单元知识的一个引领、提示，又是进入阅读课文的一个前期准备和素材收集的过程。巧妙而恰当的导入能使学生在心理上和知识上做好学习的必要准备，激发学生的兴趣和求知欲，从而过渡到新内容的学习。导入部分要尽量做到新颖别致，简练到位，时间长短安排适度。导入的方式多种多样，比如可以借助与课文相关的事实材料、故事、歌曲、电影片段、图片、名言等，也可以用提问的方式或热门话题的讨论等形式。不同的教学内容应设计不同的导入技巧，教师应将新内容有机地融合在导入活动中。

2. 泛读领会大意

在学生带着强烈的阅读兴趣和求知欲投入阅读时，教师便可设计出明确的阅读任务引领学生进行课文浅层阅读。教材中也配有一定量的阅读习题，可以作为学生泛读的任务目标。让学生带着任务去浏览文章，从阅读材料中迅速找到相关信息，是高中教材中规定的要求学生掌握的主要技能。最常采用的泛读方法有略读、快速阅读、查读或扫读。不同类型的文章所采取的泛读方式不尽相同，并要配以不同的阅读任务。比如，数据较多或年份、人名较多的文章可设计出适当的阅读任务，让学生以查读的方式找出相关内容完成任务。如在学习必修3的Module2时，在课文热身后，指导学生快速阅读课文，领会大意。

3. 精读梳理细节

在学生了解文章大意的基础上，教师应转向以学生为主体的精读、细读，让学生通过仔细阅读来获取文中的细节信息。在这一步，教师应设计一些表层理解类的问题，如文章明确提及的人物、事件以及事件发生的时间、地点或顺序。设计这些问题的目的在于引导学生熟悉课文的主要内容，促进课堂师生间的互动交流，并为深层理解提供前提。如在学习必修2的Module5的阅读课文时，用表格的形式把三位音乐家的情况做对比，学生在教师的引领和指导下，精读课文，填上相关内容。这种细节题不宜太难，能把文章的有用信息梳理清楚即可。

在读这篇文章时，要让学生把全文作为整体仔细阅读，读后教师可结合全文所提及的细节信息让学生来填。设置表格，一来可以检测学生把握细节的能力，二来可以清晰地再现文章中的细节内容，帮助学生熟悉课文。当然也可以采取提问或判断正误的方式来检测学生掌握细节的能力。

4. 深读概括主旨

对学生阅读能力的培养需要遵循由浅入深、由外而内的认知规律，实现把零散的信息升华概括的效果，把对阅读材料的感知输入转化为深层理解，提高学生对语篇整体结构的认识能力，从而达到一个人的概念能力、背景知识能力和加工能力的有机结合，并使之相互作用，不断提高。

5. 讨论升华主题

学生对课文有整体把握之后，又全面地了解课文细节，最后教师设计探究题，让学生通过阅读和课上课下各种形式的讨论探究活动来升华主题。我们继续用这个例子：学习必修3的Module 5时，教师在学生逐段精读课文后，让学生结合每段细节逐一回答该段所提出的问题，这样有利于学生掌握每段的大意。教师可以将学生总结出的每段的段落大意陈列在黑板上，有了这种直观效果，学生便立刻能根据每段大意总结出全文的主旨，即全文通过介绍中国古代诸子百家的学说及思想精髓，向人们展示中国古代的灿烂文化。最后，给学生设计探究题：What is the great influence of the great people and great inventions of ancient China？这是一道开放题，学生在本模块学习的基础上，再结合自己已有的知识信息，提炼升华。这样，教师在传授学生知识与技能的同时，也适时地融德育于教学中。

总之，在英语课文阅读教学中，只要教师注重课前的巧妙导入，给学生创造良好的参与条件和参与机会，并在阅读过程中，对阅读方法加以正确引导，让学生带着具体任务进行阅读，指导学生培养概括总结等阅读技巧，那么，久而久之，学生的阅读理解能力定会得到提高。

三、英语课堂教学的写作技能

语言的交流主要是通过两种方式进行的，即口语和书面语。口语通过听、说、读来完成，而书面语则是把语言用文字以有形的形式呈现出来的一种交流方式。口语交际固然重要，但文字表述也不容忽视。高中英语教学中，培养学生写作能力也是很重要的一个环节，这值得广大一线教师认真钻研和思考。

（一）树立正确写作观念

写作是把人们的想法和行动以文字的形式呈现出来的过程。在英语学习进程中，写作既能帮助学生巩固基础知识，培养他们良好的逻辑思维、概括及分析判断能力，又能够激发学生们的想象力，培养他们的创新意识。而这些作用正与高中英语教学力求达到的目标相吻合。

写作是一个用语言进行发现的过程，是一个用语言探索知识、感受知识的过程，是一个用语言了解我们的世界、评判我们所了解的世界知识及交流我们所了解的世界知识的过程。正因为写作在语言学习过程中的特殊地位，高中英语教学中，教师对于写作能力的培养越来越重视。高考对写作的重视程度也是很明显的，写作在高考英语试卷中所占比例很大。

（二）培养写作兴趣

兴趣是最好的老师，而带来兴趣的最直接因素就是动机。学习动机是达到学习效果的直接动力。学生的学习动机不是靠强迫就能产生的，而是靠教师的积极引导、鼓励、示范等方式激发出来的。要想激发学生的写作动机，使他们能够积极主动地投入学习，就要帮助他们找到写作的乐趣。首先，确保写作题材多样。写作题材的选取应尽可能给学生提供他们感兴趣的话题，只有使他们感到有话可说，才会投入写作任务中去。其次，教师在写作教学中要努力营造活跃的课堂气氛，争取做到寓学于乐，使学生在巧妙设计的任务中，在愉快的心境下，达到提高写作水平的目的。最后，教师还要对学生的进步及时给予肯定和鼓励，在教学过程中要善于发现学生作品的闪光点，激发学生继续前进的动力。

（三）巩固基础知识

牢固的基础知识是英语写作的前提。因此，教师应该重点强化词汇、句型和语法知识的教学，没有字、词、句式作为基础，学生是写不出好文章的。教学中，因重视对基础知识的积累而进行的大量记忆是必要的，但不能只死记硬背却不注意单词、短语、句式的具体用法，因为这会导致学生表面看起来掌握了比较多的词汇、短语、句式，但时间长了就容易忘记或产生相似词之间的混淆，甚至出现错用的现象。所以，教师在讲解基础知识时应该提供一定的例句，并适当介绍一些相关的文化背景，以加深学生的记忆。同时也可以传授学生一些记忆方法，如循环记忆法、联想法等。

（四）重视思维培养

每种语言都有其长期以来形成的表达习惯和思维特征，要写出地道的英语文章，就要培养学生用英语思维的习惯。首先，教师要鼓励学生阅读各种体裁的英语作品，必要时背诵一些经典的英语句子和篇章，使学生在广泛阅读的基础上，仔细体会英语原作的选词、句式以及写作风格，为学生表达出地道的英语做好储备。其次，创造机会让学生们多看英文电影，多收听英文电台，学习英文歌曲等。学生们在接受了大量的英语输入之后，就能逐渐养成英语语感，最终实现用英语表达所见、所闻、所思和所想的目标。最后，教师要指导学生尽量多地了解英语语言国家的社会文化、风土人情等语言背景知识。

（五）采用灵活教学方法

传统的英语写作教学模式和教学方法单一，导致课堂气氛不够活跃，学生在写作过程中也显得被动、机械。这就要求教师在教学中要解放思想，善于学习，勇于尝试各种教学方法，以实现最有效的英语写作教学。例如，教师可以把传统的结果法与过程法相结合，再适当地引入体裁法、写长法、自由写作法等。

（六）增强写作练习

人们常说熟能生巧，功到自然成，有些事情做多了，自然就熟悉了。教师无论是在课上还是在课下，都应该注意为培养学生的写作能力打基础、做铺垫，还要经常设计一些写作练习、生活有感或是现实记录，只要学生能抓住机会表达自己的思想、锻炼自己的写作能力就可以。

（七）掌握写作技能

教师还应重视教授学生一些基本的写作策略和写作规范，如文体格式、标点符号、字母大小写和移行规则、卷面的整洁、字迹的美观等，这些都是教学过程中训练写作最基本的要求，需要提醒学生注意。笔者将教会学生必要的写作策略，熟用写作技巧的方法总结为以下几个方面。

1. 审题

要审清题目要求，包括文体、题材、字数、人称角度等。

2. 语法

要特别注意句子的完整性，人称、时态和语态等的一致性以及行文的连贯性等。

3. 表达

表达方式尽可能多样化。注意词汇的丰富性（恰当地使用连接词，灵活应用过渡词）、句型结构的变化性，鼓励丰富、多样化的语言表达。

4. 文字

书写要细心、工整，标点要准确，避免涂改。

5. 训练

加强写作教学的基本训练和简单句的练习；多做英汉互译的练习，练习改写和仿写；限时模拟写作训练，提高考生临场应变能力。

总之，写作是一种综合能力的训练，它应贯穿教学活动的全过程。要提高学生的英语写作能力，就要培养学生养成良好的学习习惯。英语书面表达能力的形成非一日之功，必须从平时的教学中一点一滴抓起，让学生一点一滴积累，持之以恒，才有可能解决英语书面表达的难题，写出准确、地道、规范的英语文章。只要教师在日常教学中能做到对症下药，在注重学生整体语言技能提高的同时，能够针对学生的特点，有针对性地对学生进行培养和训练，英语写作教学就一定会取得巨大的进步。

第三节　英语课堂教学中教材的使用策略

新课程背景下，教师应该转变教学观念，因为，即使是最新理念指导编写的教材，如果由理念陈旧的教师来教，也不能体现新的理念。教材是我国学校教育的主要课程资源，但不是唯一的课程资源，教材是服务于教学的材料和工具。教师不应该只是教材阐述者和传授者，而是根据学生的需要和教学的实际，灵活地、创造性地研究教的内容和方法。

一、善于灵活运用教材

教师要根据学生的实际和教学的需要，对教材进行适当的、科学性的补充和删减，替换或扩展教学内容、活动步骤，调整教学顺序等。正如新教材的编者龚亚夫先生所说："教材上有的并不一定要全部教，教的并不要求全教会，会的并不要求全部考。"

二、善于积累课程资源

新教材以模块为单位，以话题为主线，因此教师完全可以结合话题进行教学资源的积累，包括与之相关的学生生活经验和生活阅历调查资料的积累，并进行加工，从而为更高效地使用教材奠定良好的基础。

三、善于有效整合各学科

教师应该善于以教材为载体，加强各学科整合。语言是文化的载体，是交流的工具。学生学习外语最终是为了达到用语言进行交际以及获取和处理信息的目的。因此，英语教材具有较强的跨学科的性质。现行教材除了日常交际活动的范畴之外，还涉及其他学科，如思想品德、社会、自然、体育、音乐、医学、历史、地理、人口教育、环境保护、法制教育、信息技术、航天技术、天文气象等。具有学科融合特点的教材可以开阔学生的视野，满足他们求知的欲望，引导学生面向社会、了解世界、增强国际意识。

四、善于广泛开发教材

新的课程要求教师要有以教材为基础，开发教材的能力。教师和学生要做教材的主人，而不是教材的奴隶。开发教材是在教师及学生的实践、反思中进行的。教师应积极激发学生的联想与创新思维，师生互动，共同开发教材，为更好地利用教材进行了有益的探索。

由此可见，教材仅仅是为教师的教学提供了平台，而不是禁锢教师教学和学生学习的枷锁。教师只有从原来的教材观中走出来，才能充分而合理地研究教材、挖掘教材、利用教材。

第四节　英语课堂教学的差异性教学策略

一、英语差异性教学策略的重要意义

（一）有利于教学方式的转变

新课程目标定位是：为了全体学生的发展，为了学生的全面发展，为了学生的个性发展。根据“三个发展”的目标定位，新课程标准提出了六个基本理念：面向全体学生，注重素质教育；整体设计目标，体现灵活开放；突出学生主体，尊重个体差异；采用活动途径，倡导体验参与；注重过程评价，促进学生发展；开发课程资源，拓展学用渠道。基于这样的教育教学理念，教师在英语课堂上首先应该关注学生的个性差异，做到因材施教。

1. 关注个性，挖掘闪光点

每个学生都是一个独立的个体，都有自己的优势和劣势，教师在课堂上要根据学生的个体差异，采用具有针对性的授课方式、活动方式、评价方式，努力挖掘学生身上的闪光点，最大限度地调动学生学习的积极性、主动性，使学生的潜能最大限度地发挥出来。

2. 激发情感，促进教学

语言是人与人交流感情和传输信息的中介，具有认知性、实效性和情感性。恰当、合理地使用语言有助于沟通情感、增进友谊、改善人际关系。因而，语言教学活动必须是富有情感的，情感介入教学活动是英语教学模式的进步和必然性。另外，影响英语学习的因素是复杂而多面的，但情感因素影响最大，且贯穿整个英语学习过程的始终。因此，英语教学把情感态度作为课程目标之一是理所应当的，这符合新的教育理念，具有重大的意义。

3. 突出过程，重视能力

在英语教学过程中，教师要结合学生所要掌握和熟悉的知识，设计各种活动项目，让学生积极参与进来，并能亲自体验各种交际场景需要的语言环境及思维习惯。学生在完成一系列学习任务时，综合运用所学知识，通过发现、认识、总结、创造实现知识的认知和运用的升华，这正是大脑的认知规律（pattern-seeking）。因此，教学活动应给予学生充分的自主权，让他们能够自由选择、自由发展。在教学实践中，教师要不断地设计活动并指导学生保质保量地完成这些活动，使学生所学的知识得到反复操练，实现有效培养学生综合运用英语进行交流的能力，营造交流氛围，扩大语言输入量的目标，还能够有计划地培养学生的能动性和创造性，从而促进综合素质的提高。

（二）有利于顺应新型英语教学的理念

1. 以人为本，突出个体的发展性

学生个体存在差异，每个学生都具有不同的发展潜能和需要。英语差异性教学的首要定位就是以人为本，在教学过程中注意培养学生的学习兴趣，激发学生的学习动机，养成良好的学习英语的习惯。同时，教师要在英语课堂教学中培养学生的参与意识，给每个学生充分展示个性的机会，最大限度地鼓励、尊重学生的个性优点，真正发挥每个学生的主体作用，为学生的终身学习奠定坚实的基础。

2. 强化能力，注重学科的应用性

英语差异性教学的目标是实现学生对英语的交际功能和应用功能的掌握。基础教育阶段英语课程的核心目标是培养学生综合运用语言的能力，这种能力的形成建立在语言技能、情感态度、学习策略及文化意识等素质整体发展的基础之上。

3. 面向未来，培养高素质人才

21世纪的竞争是人才的竞争。世界各国都认识到，实施外语课程改革，提高学生的外语学习能力是提高国际竞争力的重要措施。面对新世纪的挑战，英语人才的标准必须是：扎实的基本功，宽广的知识面，较强的专业能力，一定的专业知识和较高的素质。换言之，每一位教师都要善于启发学生主动参与学习，培养学生的个性特长，让每个学生都能品尝到成功的喜悦，使之成为新世纪高素质的人才。

在高中英语教学过程中，我们提倡积极、乐观、平等的学生观。英语课堂教学中不存在差生，每个学生都是各具特点的人才。差异性教学理论从每个学生不同的智能结构出发选择相应的教学内容、方式和方法，因此每个学生在英语学习过程中都成了学习的主人，把自己的发音、词汇等不同方面的优势展现出来，推动英语学习的进展。

二、英语差异性教学实施策略

高中英语新课程要面向全体学生，使他们具备21世纪公民所必须具备的基本英语素养。课程要注重提高学生用英语获取信息、处理信息、分析问题与解决问题的能力；要进一步提高学生用英语进行思维和表达的能力；要有利于学生个性和潜能的发展，英语新课程目标要求为每个学生的可持续发展奠定基础。

（一）构建开放性、个性化教学模式

在实施英语课标的过程中，教师只有真正张扬自己的个性，形成自己独具魅力的教学风格，并努力为学生的个性化学习服务，才能全面提高学生的英语学科素养，以适应未来学习、工作的需要。

1. 新课程强调英语教学的开放性

英语开放性教学是一种建立在新课程改革基础之上的多方位、多角度、多手段、主动学习的教学模式。如何在高中英语教学实践中促进学生的语言技能、语言知识、情感态度、学习策略和文化意识等素养的综合发展，使学生形成对英语语言的综合运用能力，是值得我们探讨与摸索的问题。

（1）挖掘教材，创造性地使用教材。

英语教师应该认真研读教材，把握教材的精髓和实质，利用教材配套的录音带、光盘、各种挂图、幻灯片等一系列的资料，根据学生的实际需要创造性地使用教材，灵活处理教材内容，适当增加知识量，以满足不同层次学生的需要。这样也使教学带有教师的个性化魅力，体现出英语教学风格的丰富性和多

样化。

（2）注重学生主体地位，培养探究性学习方式。

在课堂上，教师尽量让学生展示自己的个性特长，通过生动、活泼的英语对话、歌曲、辩论、现场采访等方式，让学生积极参与到课堂教学的活动中来，通过活动发展学生的创造性思维能力，提高他们学习英语的积极性，从而使他们能够不断地在学习过程中积累经验、团结协作，共同获得成功，成为独立的、终身的学习者。

（3）鼓励大胆质疑，增强问题意识。

在英语教学过程中，增强学生的问题意识，可以改变学生迷信权威和安于现状的学习习惯和学习态度，从而突破思维定式，发展创造性思维，探索终身发展的能力。

2. 新课程强调英语课堂的个性化

素质教育承认学生的个性差异，更尊重学生在英语教学过程中表现出来的差异。教师也以学生的差异作为构建个性化教学的依据，使用自主、探究、合作的教学方式，使基础较好、水平较高的学生有独立思考、运用发散思维的空间，同时使基础较差、水平较低的学生也有反馈机会，有补偿的余地。总之，素质教育的目的是使不同层次的学生都在原有的基础上有所提高，并在其天赋允许的范围内充分发展，由此获得成功的体验和自信。这就要求教师要做到以下几个方面。

（1）教师要有独特的人格魅力和鲜明的个性，并将其融入英语课堂教学中。

（2）教师要充分了解学生的个性倾向及特长，尊重其人格，承认其兴趣和个性的多样性以及自身素质的差异，有针对性地对学生进行指导。

（3）坚持英语课堂“以人为本”的原则。英语课堂是师生之间、学生之间不断进行语言交流、文化交际和信息传递的过程，教师要营造一种浓厚的人文气息，使学生真正走进英语，领悟语言，互相交流，而不是把英语单纯地作为一种知识来学习。教师可以利用free talk，conversation，English corner，games等途径让学生在英语氛围中愉快地学习，获得能力，有利于学生非智力因素的发展，有利于学生特长的培养，有利于教学效果的提高。

（4）在教法上，教师的“教”要适应学生的“学”，即适应学生的个体差异。对于层次稍高一点的学生采取主动走，探究学，促能力的方法；对于中等层次的学生采取小步走，抓反馈，促熟练的方法；对于稍低层次的学生采取拉着走，多鼓励，强化基础练习的方法。同时，鼓励他们展示自己的个性，互相帮助，形成合作学习的气氛，使各层次的学生都学有所得，从而推动整体水平的提升。

（二）构建平等与和谐的教学环境

高中英语课堂是语言习得实践的课堂，也是培养学生创新精神、创新能力的主阵地。在英语课堂上，师生之间的情感交流，学生与学生之间的模拟对话、小组的话题表演、单独性的抽查等，都蕴含着丰富的创新教育因素。英语教师必须努力营造有利于学生创新精神和创新能力发展的课堂教学氛围，使学生在紧凑的教学活动中，体验英语的魅力，聚精会神地投入每一步骤中，使英语课堂真正成为民主、愉快、和谐的课堂。

1. 教师应转变角色

教师完全开放自己，思考性地倾听与交流。教师在英语课堂教学情境中谦逊、平等地与学生交流，其中包括倾听、自我反省、自我更新，避免以自我为中心，要从深层真切感受每个学生独特的个性，理解学生，尊重差异。

（1）教师应做好任务分配角色。课前，教师把一节具体的课设计成不同的问题交给不同的学生去处理、解决。例如，在学习必修1的Module3 My First Rice on a Train时，把这个模块的主要语言点用question的方式呈现给学生，让他们进行阅读讨论，分组给出答案，每个学生都是课堂的主角，都有机会去选择、思考、表达、应用、创造。

（2）教师应扮演好评论家的角色，既要让学生容易看到成就，体验成功，激发他们的学习积极性，又要让学生感到自我的不足，激发他们自我完善的欲望。

（3）教师应该充当帮助者的角色。虽然英语课堂的主体是学生，但这并不意味着把课堂教学的每个环节都交给学生。教师要密切关注课堂活动的进展情况，给予适时的指导、帮助和调整，使整个英语课堂活而不乱，内容充实而紧凑。

2. 教师应以情优教

教育心理学的研究成果和一些优秀教师的经验都表明，鼓励是十分有效的教育手段，也是和谐、民主课堂的润滑剂。英语课的交际性和实践性的特点要求教师必须创设一种民主、平等、和谐的氛围，因为英语课堂需要大量的口头操练、单独发言和集体讨论。如果没有民主、平等的氛围，没有教师春风化雨般鼓励性的语言，那么学生就不敢说、不敢做，自然也不会达到语言教学的目标和良好的学习效果。对于英语教材中的一些话题，如Health，Friends，Travel等，应该让学生运用发散思维各抒己见，注意保护学生的创新精神和创新意识，给学生增添一份自信，送去一抹阳光，使学生唤醒自己的内在潜力，增加参与的勇气，使整个课堂气氛和谐、愉快。这一切的根源就是教师与学生进行情感交流，以情优教。

3. 教师应注重合作

长期以来，由于普通中学班级人数较多，以集体授课为主的班级授课制成为英语教学的主要组织形式，其单一的教学组织形式束缚着学生英语实践活动的全面发展，英语教学中普遍存在着“教师讲得多，学生练得少”“费时较多，收效较慢”等现象。在此情况下，我们借鉴了一种面向全体学生的有利于学生语言实践活动全面开展的学习方式——合作学习，即以小组集体成员的合作性活动为主要方式，以小组集体成绩为评价依据的一种教学方式。开展英语合作学习是实践新课程标准的重要途径。

（1）英语教学中的合作学习主要包括五个阶段。

① 参与阶段：教师结合班级同学的特点布置合作学习的活动，不仅要使学生完成活动的内容，而且要使学生产生一种学习的责任感。

② 探讨阶段：强调学生要对概念和信息进行加工，教师首先决定给学生输入多少信息，而将对哪些信息进行加工则留给学生自己去发现，并鼓励学生完成合作学习的活动。

③ 知识的转化阶段：合作学习中，学生通过组织、阐明、精加工和综合分析学习概念来重新组合知识。这个阶段的学习需要全组学生参与，教师应注意避免由全组语言能力最强的学生来独自承担阐述的精加工的工作，因为这样就

剥夺了其他成员参与的机会。

④ 知识的呈现阶段：教师应结合学生的情况给各组提供发言的机会，然后将各个小组的学习情况进行汇总，总结出更大的成果。这一阶段的学习必须注意小组发言的真实性，其他同学和老师应给他们提出反馈。

⑤ 反思阶段：学生分析他们所学的知识，反思合作学习过程中的优势和不足，并进一步提出改进的建设性意见。

（2）在英语教学实践中，合作学习具体包括以下内容。

首先，合作学习要求各个小组的学生在合作中互相学习，取长补短，共同进步，并朝着小组的共同目标而奋斗努力，而要达到这个目标，小组中的每个成员都要进行有效的独立学习。其次，合作学习要求教师采用合理的教学组织策略：①教师要帮助学生建立起合作学习小组，通常是将班内学生按其平时的学习成绩从高到低排列，然后将好、中、差学生组合成四人学习小组，让每一个小组成员都担当特定的角色，并定期轮换小组；②教师要改变学生座位的排列方式，使之有利于小组成员的合作交流；③确定评价机制，对小组合作学习的结果，采取个人评价和集体评价相结合的奖励机制。

（3）合作学习在高中英语课堂教学中的应用。

① 在小组合作中，教师要引导学生主动参与教学活动。在课堂上，教师要经常对学生讲“Trust your self”“Never give up”“Keep your courage”，“Have a try”等激励学生的语言，鼓励学生开口说话。教师要正确对待学生在语言实践过程中所犯的错误，并在主动巡视和监控各小组的活动情况时及时给予学生帮助与指导。

② 在合作学习中，教师要创设能够激发学生学习兴趣的较为真实的语言情境。

③ 在合作学习中，教师要注意多设计一些能开拓学生思维的、能激发学生探究愿望的、具有启发性的问题，提高学生分析问题和解决问题的能力。同时，教师要注意尽量面向全体学生，做到难易结合，使每个人都有参与的机会，并鼓励各小组对所学课文进行快速提问，对教材中的一些问题敢于质疑等。

第三章

03 高中英语课堂听力教学模式

第一节 英语听力训练与能力的关系

一、英语专业听力训练中技巧与能力的关系

（一）技巧是提升英语听力能力的重要方法

笔者经过多年对不同种类英语考试的听力试题进行分析研究发现，听力考试对学生自身的英语能力有一定的要求，但同时这类考试的技巧性也非常强，学生如果能熟练掌握这些听力考试技巧，就能够大大提升做题的速度和正确率。首先，在平常的英语听力训练过程中，要重视耳朵的敏感度，使之能够对听力录音中的单词发音做出及时的反应，尤其是对于一些词组连读、吞音的情况，更需要进行积累并反复练习，增加印象。其次，使学生养成每天快速读听力录音原文的习惯。很多听力题目做不出来的原因在于听力录音的语速过快，导致学生没有时间将录音的内容在脑海里进行翻译转换，从而错过了正确答案。听力原文是根据考试的能力要求编写的，因此有非常高的参考价值，学生可以循序渐进地从正常速度到1.25倍速度再到1.5倍速度进行多次录音跟读，以增强语感，提高对录音内容的反应速度。

（二）技巧是提高英语听力能力的重要过程

高中设置英语专业的教育目的在于培养出专门化的英语人才，其中听力能力的培养是听、说、读、写四种能力中极为重要的一环。语言的主要职能是实现更加顺畅和深入的交流，听力能力的强弱将直接影响能否听懂对方说的话以及能否正确理解说话的内容，因此听力能力在四种能力中占到了很大的比重。

（1）学生的英语素质水平是提升英语能力的基础，如果学生的英语知识储

推荐学生参加英语辩论赛等活动，以充分锻炼学生的英语表达能力。此外，教师作为学生英语专业学习影响力最大的协助者，要重视教学效果的高效率实现，将听力和口语两种能力的教学有机结合起来。边听边复述是最佳的教学方式，如英文电影角色配音、英文演讲展示、英语戏剧表演、情景对话等，可以激发学生的自主表达意愿，勇于发声。

综上所述，学生英语专业听力能力的提升与相关学习技巧的训练及教师的重要协作作用紧密相关。英语作为当前社会人才所必备的语言技能之一，其学习的必要性不言而喻。在教师层面，教师要充分发挥专业课程的指导作用，结合学生具体的听力学习情况，从教学理念、教学内容、教学策略等方面优化教学效果；在学生层面，学生要摆正学习态度，循序渐进地提升英语能力。

第二节　英语听力教学的方法策略

一、树立信心，培养听音意识

（一）信心对提升英语听力具有重要意义

信心是成功的动力，是英语教学的生命。在日常英语教学中，一些学生不愿意上听力课，一练“听”就害怕，一说到“听”就认为难，甚至有“难于上青天”的感觉，更不愿意做英语教材中设计的各种各样的听力测试内容，认为听力测试内容难度极大，听得云里雾里，无从下手，心理压力非常大，从而产生焦虑、紧张、恐惧等消极的心理状态，导致信心不足，厌烦听力。

据此，教师要适时做好学生的心理疏导工作，帮助学生认清听力学习的重要性，启发学生。英语是一种交际工具，要想较好地与他人沟通，交流信息，必须先从听学起，只要学生树立自信心，愿意听、乐意听，并且有目的、有意识地加强听力训练，就一定能取得好成绩。教师要对学习过程中学生所取得的各种进步及时给予鼓励和肯定，让每个学生都能养成良好的心理素质，在英语听力学习中充满信心。

（二）树立信心的重要方法

教师需要根据教学大纲里的具体内容、任务，运用多种多样的方法、手段来激发学生学习英语的信心。在课堂上，教师需尽量采用学生听得懂的语言来进行英语教学，学生可以通过教师的肢体语言、面部表情来理解文本，增强学习英语的信心。同时教师也可以选择一些有趣易懂的内容来训练学生，吸引学生的注意力，再进行教学，对做正确的多表扬，以提升其信心。

教师应在教学中尽可能地创设英语环境，渲染英语气氛，鼓励学生在日常生活中经常用英语问候、会谈、交流、互相说听，通过运用英语产生一种成就感，克服心理上的障碍，激发信心。教师可以通过举办“英语角”“讲英语故事”“给故事配音”等丰富多彩的课外活动，或组织观看英语影片，营造良好的听音环境，培养听音意识，从而提高学生的听力，增强学习信心。

另外，教师还可以让学生带着问题去听，带着悬念去听，以增强学生听的兴趣。比如在讲故事时，先展示一部分的故事情节，教师一边讲解，一边展示后续内容，也可以留下悬念，留结尾下节课讲，让学生发挥想象力，自己编故事的结尾。这样，学生听故事的兴趣就会越来越浓，不仅达到了提升英语听力的效果，也增强了其学习英语的信心。

二、增强语音练习，帮助正确发音

（一）实施正确的语音授课，注重语音课的教学设计

在刚开始教学生学习英语时，教师应先从舌头的位置及气流的发出等方面进行讲解，并反复地练习，直到每个学生都能够准确地发音为止。只有让学生学会正确发音，才能为后续的听力学习打下坚实的基础。教学中还应强化语音训练，根据教材内容精心设计一些精听课。先以单词、词组为单位，训练学生对单词、固定词组的快速反应和理解能力，再以句子为单位，训练学生快速听和反应的能力。再往后可以各种对话、谈话、文章等为单位，训练学生抓住大意或其中某些细节意思或者言外之意的能力。

（二）利用各种教学手段开展形式多样的教学活动

从现代教育理论来看，传播教学信息的载体越直观，信息通道中的干扰就越少，学生的认知率也就越高。因此，充分利用现有的多媒体教学设施，设置专用的课外语音视听室，让学生利用课余时间欣赏性地听，模仿不同语篇类型的听力材料，充分调动学生的学习兴趣和积极性，在美的熏陶中获取英语语感，使学生能通过一口漂亮的语音、语调增强学习英语的自信心。

（三）增加语音课课时

这样能避免英语语音学习流于形式、费时低效的弊端，能切实提高高中学

生英语听力与运用的能力。

（四）增设校本英语语音过关考试

通过定期的语音检测或考试来增强学生对语音学习的兴趣。因此，语音过关考试是一个非常有效的检验手段，一方面可以督促学生进行自觉的后期提高和完善，另一方面可以起到查漏补缺的作用。

三、增加词汇量，培养分析能力

话语分析是现代语言学里的一个新兴学科，它发展得十分迅速。在高中的英语听力教学中，从听力话语分析的角度来提升高中生的听力水平已成为高中英语教学的一个重点方向，也是当前国内高中英语教学中许多人关注的课题。从教学理论上来说，话语分析能将传统方式不能解读出来的英语语言现象加以解读，而且能让学生在教师的引导中深刻理解英语的语言特色与文化背景内涵。所以，话语分析的方法和研究成果对于语言教学尤其是外语教学或第二语言教学，具有理论指导意义。

四、优化听力训练的目的性与层次性

（一）教师听力训练目的性与层次性

1. 听力练习的目的与要求要明确

教学中，每进行一次听力练习，教师都要提出明确的要求和需要达到的目的。学生有了明确的目的，带着问题去听，才能提高听力效果。

2. 听力材料的选择要有层次性

教师在选择听力材料时还要具有层次性，听力练习可以先听一些简单、短小的材料，一般学生都能听得懂。学生有了收获后，才能慢慢地对听力有兴趣，这时再逐步过渡到较深、较难的材料。

3. 科学设计听力内容和形式

有的学生在听听力时会出现犯困的现象，教师在听力训练时应注意时间的安排：听力材料不能太长，应每天定期进行听力训练。大部分学校都有英语早自习，教师可以占用20分钟的背书时间来让学生听英语听力，不知不觉中，学生的听力水平会得到改善。教师要选择多种多样的听力材料，让学生接触不同题材的听力内容，扩宽学生的知识面。

4. 技巧选择要有目的性

教师在指导学生做新教材中的听力练习题时，应指导学生打破习题之间的限制，避免“听一遍，做一题”的做法。听完一遍后，练习题中会做的题都可以做，凡是能一次完成的问题就尽量一次解决，完不成的可以让学生带着问题再听，并最终完成练习，这样就减少了难度，突出了难点。

（二）学生听力训练目的性与层次性

1. 听前阅读，利用好听力时间

每道听力题都会留出相应的阅读材料时间，学生要利用好这段时间并提取有用的信息，分析句子问题，猜测朗读者要说的内容。

2. 进行创意的听力训练，激发学生的学习动机

有的学生对学习英语就是提不起兴趣，觉得上英语课就像听“天书”一样，更别提英语听力了，这时英语教师应想一些办法进行新颖的听力训练，激发学生的学习动机。

总之，高中英语听力教学和训练一直受到教师的关注。教师为了能让学生在高考听力中取得高分，想出了多种听力训练方法，但应注意从学生实际出发，加强对学生平时的训练，及时发现学生在听力方面的问题，对学生进行正确的指导，增强学生的听力水平。

第三节 英语新课程听力教学模式

一、“三段式”英语新课程听力教学模式

（一）教学准备阶段的操作模式

1. 精心挑选听力材料

根据学生的学习和学生现有的英语水平，合理挑选适当的听力材料不仅是准备阶段必做的工作之一，也是至关重要的。挑选材料时应注意三个方面：①选择从易到难逐步深入的系列材料。换言之，从短句到长句，从句子到短文，从短文到现场对话，逐步深入。②选择针对性、操作性较强的材料。如挑选接近教材内容的有关英美文化、人文、历史、地理和风俗习惯方面有代表性的材料。③选择能结合新教材特点的材料。能结合新教材特点的材料即口语化、语言规范、交际性强的材料。通过此类材料，既能使学生习得实用的交际语言，又能培养学生在真实语境中的应变能力。

2. 仔细准备电教媒体

除了合理挑选听力教学材料外，教师应充分利用实物和图片、幻灯、投影、录音、录像、电视等媒体进行听力教学，做到形象直观、生动活泼，才能有助于学生理解听力材料。

3. 巧妙设计训练方式

一般来说，听力教学过程中可采用三种形式：①填空。培养学生抓关键词的能力。空出句中的关键词，如主语、部分谓语动词、表示时间或地点的名词、否定词、从属连词等，听完录音后，可要求学生填空。在训练短文填空

时，重点可放在抓关键词上，要求学生边听边填，听完一段后，给学生8～14秒时间，供其回忆检查，并为第二段听力做好准备。②听写。培养学生在无任何文字信息的情况下，直接从录音中获取信息的能力。听写时不必拘泥于拼写或句子的完整，只要记录关键词，甚至可以用自己所熟悉的速记符号来记录。听写可以从单词开始，逐步向段落过渡，所选材料的结构应简单明了，词汇通俗易懂。③复述。听完一个句子或一个段落以后，让学生立即复述所获取的信息，旨在要求学生借用原句中的关键词，用自己的话复现原句（文）的意思。

（二）教学阶段的操作模式

为了将各种准备工作有效地付诸教学实践，可将听力课的教学分成以下两个步骤。

1. 听力前

听前阶段，教师要发挥主导作用，即根据所听材料的难度，提出目标任务；创设情境，或运用投影片提问，或介绍背景知识，引入新课，引导学生进行想象猜测、推想、联想等思维训练；解释有关词语。

2. 听力中

听时阶段，要体现“以学生为主体”，发挥学生的主观能动性，即要求学生听第一遍时，把握听力材料的整体意思；听第二遍时，捕捉具体信息，记录所听要点；听第三遍时，对问题进行分析、对比、判断。教师要检查学生理解程度。

（三）教学后阶段的操作模式

听后阶段是回忆、分析、概括等能力训练阶段，要鼓励学生复述大意，讨论深层问题，使其进一步理解所听材料的意义。最后教师再呈现材料内容，让学生体会到听英语的乐趣。

在通过听力获取一定的语言信息后，教师可及时总结出材料中所涉及的语言知识、文化背景，并对学生难以接受的、英汉差异较大的语言现象予以讲解。在学生对这些语言材料感知的基础上，教师可设置一定的模拟语境，使学生在一定的语境中学得语言知识。教师可通过让学生进一步回答、讨论更深层次的问题，如关于判断说话人的意图，说话人对问题的态度等，使学生对听过的内容形成更系统、更完整的概念，并在“听”的基础上，适当地把“听”和“说”“读”“写”三项技能结合起来，提升综合运用能力。另外，很多听力材料都是很好的诵读材料，在听之后，可把材料作为学生平时的朗读材料。这对促进听力教学也是很有帮助的。

事实上，新课程改革是为了使素质教育的目标落到实处，“三阶段”模式也体现了素质教育的内涵与要求。

1. 全体性

全体性能调动全体学生参与。三阶段教学模式要求教师根据听力课文的不同类型，以学生的实际情况为备课的基点，精心设计一系列由浅入深、由易到难、形式多样的听力测试练习题，使不同程度的学生都能在教师的引导下，激发求知的欲望，体验成功的乐趣。

2. 整体性

整体性注重开发学生潜能。在听力课教学中，教师注重引导，加大学生课堂思维密度，突出语言交际功能，为学生创设可以相互问答或自由讨论的语言环境，使其语言能力有效地转化为语用能力，并贯穿于听、说、读、写各方面。该模式注重针对不同类型的听力材料，挖掘文章内涵和主旨，寓思想教育于教学之中，促进学生全面发展。

3. 主体性

主体性能充分发挥学生的主体作用。传统的听力课忽视听前阶段和听后阶段的教学，反复播放录音，穿插讲解部分生词等环节，使学生始终处于被动接受状态。而三阶段模式则不同，学生在教师的指导下，学会思考，学会表达，其主体地位得到了真正的体现。

二、信息技术与英语听力整合教学模式基本步骤

信息技术与英语听力整合有三种方法：第一种是将信息技术作为教学要素来考虑，称为综合设计；第二种是先不考虑信息技术，直接考虑常规教学条件下如何设计一节课的教学，在此基础之上，再考虑如何将信息技术进行整合，称为应用设计；第三种是假定对教学条件的所有要求都能得到满足来设计一节

课的教学过程，称为理想条件下的教学设计。第一种教学设计由于将信息技术当作教学要素来考虑，所以没有整合点，这里不做介绍，仅就应用设计和理想设计做具体阐述。

（一）常规教学条件下的整合教学设计

应用设计的一般思路是，在不考虑信息技术条件的前提下，思考如何利用传统的教学环境进行教学设计。设计上，在充分分析教材和学情的基础上确定教学目标、教学重难点，进而设计教学活动。完成这样的教学设计之后，再考虑信息技术会对哪些教学环节、教学步骤提供支撑，从而进行整合点的诊断，最后完成一节整合教学设计。这种设计的优点是易于操作，教师在考虑整合设计的时候，只需在传统的教学设计基础上思考如何寻找整合点即可；缺点在于受到了传统教学手段的束缚，所找出的整合点具有局限性。

（二）理想条件下的整合教学设计

理想条件下的整合教学设计的一般思路是，首先假定教学条件完全理想；然后在这样的条件下针对教学重难点的解决考虑教学步骤的安排，再针对诊断出的困难设计解决方案；接着根据实际的教学条件比较常规教学手段和信息技术手段的优劣；最后确定整合点，形成整合教学设计。这种设计的优势就在于拓宽了设计的思路，使之不再受常规教学条件的限制，为信息技术最大限度地发挥作用提供了可能。

三、基于语言学视角下的英语听力教学模式

（一）基于语境理论的英语听力教学模式

1. 语境与语篇隐性连贯

语境是生成语篇的前提条件，对语篇的解读需要依赖语境，因此语篇与语境之间有着紧密联系，语篇是不可能脱离语境的。具体来看，语境包含语言语境、情境语境及文化语境。散漫、没有秩序的词句是不能构成语言的，语言必须在连贯的话语中生成，因此在处理语篇时，如果发现语篇中没有明显的衔接手段，如照应、省略、替代等，就可以借助语境来把握语篇的主旨与交际意图，通过语境梳理语篇的思路，找到隐性的衔接，最终使语篇连贯起来。

（1）语言语境下的隐性连贯。

语言语境就是我们常说的上下文，它主要指语篇本身的、连贯的结构逻辑。对语境影响较大的是语言的内在因素，因为它会影响人们对语篇中词义的理解。在语篇中，许多词语特别是多义词的具体含义往往是由语言语境来决定的。也就是说，相同的词语在不同的上下文语境中可以表达不同的意思。因此在处理语篇的过程中，如果遇到一些词句的意思难以理解，我们就可以通过语言语境来判断其具体含义，从而实现语篇的隐性连贯，真正理解语篇的内涵。

在英语听力练习中，如果学生没法确定某一词的词义，就可以结合语言语境进行分析判断，明确多义词在该语境中的具体含义。并且，语言语境还包含许多其他的信息，结合这些信息，学生可以更加准确、快速地完成英语听力练习。因此，在日常的英语听力教学中，教师应该注重多义词的知识讲解，多安排一些多义词让学生在不同的语言语境中分辨练习，让学生学会通过分析上下文来确定词义、理解语篇信息。有时也会出现缺少上下文语境因素的情况，给学生的听力理解增加一定的难度，教师需要针对这种情况总结一些有效的应对方法，从多个方面提升学生的英语听力能力，增强英语听力的教学效果。

（2）情境语境下的隐性连贯。

情境语境是指相对具体的、运用语言的语境，主要关注在具体的语言交际活动中对语义产生影响的因素。人们主要以语篇的形式进行交际活动，而交际又必然处在一定的情境之中，因此，语篇的分析必须考虑交流内容、交际对象以及交流媒介等因素，实际上就是要考虑语篇的话语范围、话语基调以及话语方式等。具体来看，话语范围是指具体发生了什么事情，谈论了什么内容；话语基调是指具体的交际者，参与交际的人的特点、角色以及其他基本情况；话语方式是指在人们在交流沟通时使用的交际渠道、修饰手段等。隐性连贯没有具体的、突出的形式特征，但仍然在情境语境中发挥着重要的作用。

在英语听力短对话练习中，一些对话内容缺乏明显的衔接，这就需要学生借助语境分析来找到语篇的隐性逻辑衔接，使语篇连贯（如下例）。

A：Just imagine! We have to finish reading 300 pages before Monday.How can the professor expect us to do it in such a short time?

B：Yeah，but what troubles me is that I can't find the book in the library or in the university bookstore.

分析以上对话可以充分了解其情境语境，上述对话的话语范围是交流双方在讨论、抱怨有关作业的事情，话语基调是两个同学互相交流，话语方式是口头对话，交际媒介是口头媒介。由此可见，虽然这个短对话并没有显性的衔接手段，但是通过分析情境语境可以知道，B的语句是对A所提出的问题的肯定回答，因此，这一段对话的语义是连贯的。

我们在解读语篇时不可能只依靠语言本身，而是要结合交际活动发生的具体情境，只有这样，才能准确理解词句的真正含义，避免读出歧义，找到语篇的内在连贯性。

（3）文化语境下的隐性连贯。

文化语境即语篇所包含的文化背景。语言是人类社会的产物，它能反映人们的社会生活。每个人都在一定的文化语境中成长、生活，因此，文化语境会对人们的说话内容、表达理解产生直接的影响。在英语听力实践教学中可以发现，影响学生听力理解的因素除了语言因素外，还有文化背景因素。很多时候，学生由于不了解听力材料的文化背景，有可能会出现误解、误读的情况。语言能够反映相应的社会文化背景，而社会文化背景也会对语言的内容与形式产生影响。在这种相互影响下，身处不同文化语境的人们会形成相应的、特定的交际模式或语篇结构。在英语听力练习中，只有了解对话者所处的社会文化背景，才能真正理解其话语的意义。

人们的交流、交际活动离不开语言工具，它能够反映一定的社会文化特征。在英语听力短对话练习中，掌握文化语境是找到语篇中隐性衔接的有效手段。因此要实现语篇的连贯，顺利进行跨文化交流，就必须对交际双方的社会文化背景有所了解，只有这样，才能减少文化误解的发生，避免由于文化差异引起的不愉快，保证交际活动的顺利进行。

需要注意的是，在英语听力练习中，学生经常遇到英语俗语带来的阻碍，因为许多英语俗语的词义都与其字面意思不同，如果没有充足的英语文化背景知识储备，就很难了解其包含的深层次的文化信息。这就要求教师在英语听力教学中，注重对英语文化的讲解，如对比中西方的社会文化差异，介绍英语国家的文化背景知识，鼓励学生广泛涉猎不同国家的文化，在日常学习活动中积累语言文化知识，从政治、经济、文化等各个方面了解其他国家的社会背景等。教师要培养学生的文化敏感度，通过反复、大量的听力材料练习，增加学生对英语文化的熟悉程度，进而提高他们的英语听力水平。

2. 将语境、语篇隐性连贯和英语听力教学相结合

（1）教师应培养学生的语境意识。

英语听力练习主要是考查学生能否对听到的内容进行准确理解，能否判断其交流内容与交流意义，能否了解把握其语言语境、情境语境及文化语境。在英语听力练习中，如果学生没有足够的文化语境知识，哪怕他们听清了每个词句甚至每个音节，也不可能真正理解交际者的表达意图。教师在开展英语听力教学活动时，应该讲授语篇衔接的相关知识，组织学生多多实践练习，提升学生对语篇衔接手段的熟悉度与敏感度，使学生能够理解语篇中的文化背景，将语篇置于语境中进行解读分析，进而从整体上把握语篇的含义。

教师应该在英语听力教学中融入语境理论，改变学生听力练习的思维定式，引导学生积极利用自己原有的知识，使学生通过英语听力练习加深对英语知识的记忆与理解。学生可以通过分析语境来掌握语篇的主旨大意，判断交际者的态度与观点以及交际双方的关系，从已获得的信息中推测未知的信息，深入了解语篇的含义。此外，教师对英语听力练习材料的选择还应该考虑学生的英语水平差异，针对不同水平的学生选择不同的英语听力练习材料。在具体的练习中，教师应要求学生借助答案选项、关键词句、交际者的语气语调等把握语篇主题。英语听力教学的目的是通过英语听力材料练习锻炼学生的英语听力思维，而不只是简单的语言理解分析。

（2）学生应了解语境在语篇隐性连贯中的作用。

人们在交流活动中常常遇到“话里有话”“弦外之音”等情况，在英语对话中也是一样的。之所以出现这种情况，是因为一些语言形式不能完全表达出交际者的深层意图，或者说交际者希望用另一种更为隐蔽的方式来表达自己的意图。因此在进行英语听力理解时，我们要借助文化语境、情境语境展开深入理解，对字面上缺失的话语意义进行补充，这样才能获得完整的话语含义。要想挖掘出语篇中的隐藏含义，就必须对语境进行分析，因为语境是语篇意义的重要组成部分。如果没有分析相应的语境，孤立地解读分析语篇，就难以了解语篇的真正内涵，也就无法实现语篇的连贯性。

在英语听力实践练习中，学生必须结合上下文去理解语义，找到相对应的语境，在此基础上才能理解听力材料中交际双方的表达意图。学生可以通过简单的词句获取完整的语义信息，推测出语篇的主旨意图，完整地、深入地理解语篇。由此可见，把握语境在语篇隐性连贯中的作用，有助于提升学生的英语听力能力。

（3）培养学生语境分析能力。

英语听力教学要注重对学生语境分析能力的培养，这就要求学生充分地了解听力语篇中的语境特征，这样就可以游刃有余地面对不同的语篇与语境，并按照已经获取的信息推测更多的未知信息。教师在开展英语听力教学时，应该引入更多的具体实例，让学生感受相对真实的语境与交际情境，培养学生的语境敏感度，锻炼学生对语篇语义的重构能力。

具体来看，教师可以通过以下三种方法提升学生的语境分析能力：①教师可以让学生根据一些关键词展开逻辑推理，推测听力语篇的大致内容；②教师可以增加社会文化知识的讲授，丰富学生的文化背景知识储备，鼓励学生建立自己的文化知识体系；③教师可以进行突击提问，让学生在短时间内对听力语篇中的语境、主旨做出判断，锻炼学生面对听力语篇的反应速度与预测能力，进而提升学生分析语境因素的速度与能力。

综上所述，在英语听力教学中，语境因素发挥着重要作用。教师在教学活动中必须重视语境因素，注重培养学生对语境的敏感度与分析判断能力，才能从整体上提升学生的英语素质与能力。

（二）基于语篇理论的英语听力教学模式

在进行语篇分析的过程中，我们始终绕不开两个基本概念，即衔接与连贯，如果一个语篇没有做到这两点，那它甚至都不能称为完整的语篇。在听力实践练习中，学生需要收到相应的语言信号，再根据自己原有的知识展开推理预测，找到语篇中衔接与连贯的关系，最终实现对听力语篇的准确理解。实际上，这里所说的衔接是语义层面的概念，主要指语篇中的语义关系。衔接是语篇的重要特征，通常由语篇的表层结构体现出来。几乎大部分的语篇都存在衔接，只是衔接的程度可能有所不同。正如胡壮麟教授所说："有意义的、可接受的语篇，必然会在语言的各个层次、各个成分中表现出一定的衔接，这样才能使表达者的交际意图贯穿在整个语篇中，实现交际活动的目的。"①

衔接在语篇的语音、语法、词汇等各个方面都有体现，下面以英语听力短对话练习为例，从语音、语法、词汇的角度出发，讨论如何使用衔接手段分析英语听力语篇，寻找听力语篇中的连贯性，进而提升学生的英语听力理解的准确度。

1. 语音手段

通常语音手段的衔接作用主要通过语调和重音来实现，在语音中语调和重音都属于超音质成分，具有一定的特殊作用，能够为听者提供更多的语言之外的重要信息。

（1）语调。

所有语篇中的语调都是有层次的，想要重点强调或者突出的内容可以借助重音或其他调式运动来实现。一般来说，带有终止含义的调型为降调，而非终止性的调型为升调与平调。要想实现语篇的连贯，可以反复使用同一种语调调型或者相似的语调调型，使整个语篇衔接起来。语调主要分为降调与升调。在英语听力短对话练习中，准确把握听力材料中语调的升降能够获取很多重要的信息。因此，英语教师要组织大量的英语对话听力练习，让学生学会通过语调来推测说话者的交际意图，推测语篇的主旨，获取有用的信息，进而深刻理解听力材料的内容。在英语听力练习中熟练掌握语音手段，有助于提升学生的英语听力能力。

① 胡壮麟. 语篇的衔接与连贯［M］. 上海：上海外语教育出版社，1994.

（2）重音。

重音本身就有强调的意味，它突出了一段话中的重点信息。当听者听到重音时，就可以对重要信息进行定位，并且还可以借助重音来把握上下文。

语音衔接手段是英语听力练习中必须掌握的重要手段，在英语听力教学中，教师应该引导学生关注说话者的语调变化与重音变化，锻炼学生对语音的敏感性，让学生根据不同的升降语调、重音、语气，合理地推测说话者的意图，准确理解他们的言外之意。

2. 语法手段

从功能语言学的角度出发，照应、替代、省略及连接等手段都属于语法手段。在英语听力教学中，语法手段占据着非常重要的位置。

（1）照应。

有时我们会在分析语篇的过程中遇到难以解释的词语，面对这种情况，就只能从这一词语的所指对象身上寻求解释，这就是语篇中照应关系的产生。在英语语篇中，照应手段可以有效实现语篇的衔接与连贯。具体来看，照应主要指借助代词等形式表现出来的语义关系。

韩礼德（Halliday）与哈桑将英语语篇中的照应关系分成了三种，即人称照应（personal reference）、指示照应（demonstrative reference）与比较照应（comparative reference）。①

此外，在常见的英语听力短对话练习中还有分句照应，它主要指一些词语的所指对象并不是单一的词语或短语，而是相对较长的句子，甚至是语篇。在英语听力练习中，学生应该熟练掌握照应手段，熟悉不同的照应关系及特征，把握照应词语与所指对象互相形成的参照解释，这样就可以使语义连贯起来，厘清英语会话语篇中不同人物之间的关系，明晰事情的结构脉络，进而准确、快速地捕捉到有用的信息，理解语篇的主要内容。

① 吴军俐. 功能语言学与外语听说和阅读［M］. 昆明：云南大学出版社，2015.

（2）替代。

替代也是常见的语法手段，在英语听力语篇中经常出现。替代是指借助某种替代形式对上下文中重复出现的词语进行替换。这样做是为了减少语篇中重复的内容，使语言表达更加简洁，从而使语篇整体上不会显得过于烦琐，同时也有助于上下文更好地连接。

在韩礼德与哈桑看来，英语语篇中的替代主要包括三种[①]：第一种是名词性替代（nominal substitution），也就是用相应的替代词替换语篇中重复出现的名词，具体的名词替代词有one，ones等；第二种是动词性替代（verbal substitution），即用相应的替代词替换语篇中重复出现的动词，常见的动词替代词有助动词do，did，does等；第三种是分句性替代（clausal substitution），也就是借助特定的替代词来替换语篇中重复出现的分句内容，一般so，not，the same可以作为分句的替代词。

在英语听力语篇中会出现许多替代词语，如果不了解这些替代词语的具体指代，没有梳理清楚替代词与被替代内容的关系，就必然无法准确理解语篇的主题内容，更无法实现语篇的衔接与连贯，导致不能从听力材料中获取完整的信息。因此在英语听力教学中，教师必须重点讲解这些替代词的使用方法，增强学生对替代词的熟悉度，这样，学生在遇到替代词时就能够快速地找到被替代的内容。

（3）省略。

在英语听力材料语篇中，省略是较为常见的语法手段。省略与替代的目的是相似的，即为了减少语篇中重复的内容，同时突出相对重要的信息。语篇中省略的部分通常都能在上下文中找到，或者根据情境语境也能推断出来，所以省略手段也具有衔接语篇的作用。

具体来看，省略可以分成三种类型，名词性省略（normal ellipsis）、动词性省略（verbal ellipsis）和分句性省略（clausal ellipsis）。名词性省略就是对名

① 张殿恩.汉英衔接文化性研究［M］.北京：中央民族大学出版社，2013.

词性短语中的中心词、修饰语等成分进行省略；动词性省略就是把动词短语中的作用词、助动词、语义动词等成分省略掉；分句性省略就是对整个分句进行省略，一般来说，被省略的分句中的内容已经在文中重复出现过了。

在英语听力理解练习中，掌握省略手段有助于学生完整地理解语篇内容。这就要求学生关注上下文的信息，重视省略的部分，并且根据上下文以及情景推断出被省略的部分，真正理解听力材料的内容。英语教师应该培养学生敏锐捕捉语篇中省略部分的能力，以此促进学生英语听力水平的发展。

（4）连接。

英语听力语篇中常见的语法手段还有连接。通常情况下，同一个句子中会包含几个小句子，而这些小句子之间的联系就需要连接成分来实现。实际上，这些连接成分本身是不具备衔接意义的，它们的衔接作用是间接发挥出来的。连接成分本身并不会延伸至上下文，但是它们的表达为其他成分的出现做了铺垫，预设了其他成分的存在，因此就间接发挥了衔接语篇的功能。常见的连接词语包括but，so，and等，还有一些副词、短语、分句等，也可以作为连接成分。

连接成分主要可以分为四类。①

①“加合”（additive），这类连接词包括and，besides，in addition等。

②“转折”（adversative），这类连接词包括however，though，but，rather than等。

③“因果”（causal），这类连接词包括because，therefore，as a result等。

④“时间”（temporal），这类连接词包括before，next，finally，after等。

连接词可以突出语篇中各个成分之间的语义关系，这也是它发挥衔接作用的主要方式。在英语听力语篇中，连接词属于高频出现的词语，因此，教师必须重视起来，加强听力练习中的连接词分析教学。学生对连接词要有一定的敏锐度，迅速判断连接词的类型，进而推断连接词前后的语句是联合递进关系还

① 朱永生. 英汉语篇衔接手段对比研究［M］. 上海：上海外语教育出版社，2001.

是对立转折关系，或者是其他因果、时间等关系。只有这样，才能厘清语篇的逻辑顺序，理解说话者的意图。当然，在分析连接词时不能只考虑其本身的意义与属性，而是要将连接词放在上下文语境中进行分析，找到其准确含义。

3. 词汇手段

词汇是所有语篇构成的基础，语篇的形成离不开词汇这一基本要素。需要注意的是，语篇不是词汇的简单堆积，而是根据词汇的语义、功能有意义地组织形成的。因此，词汇衔接是语篇连贯的前提，在语篇理解中占据重要地位。

在组织语篇的过程中需要使用一些具有意义联系的词语，进而形成一个相对完整的语义链条，使语篇实现连贯，这就是词汇衔接。通常它可以借助重复、互补、同义、反义等词汇关系来构建语义链。韩礼德和哈桑认为，英语语篇中的词汇衔接关系包括复现关系（reiteration）与同现关系（collocation）。[①]

（1）词汇的复现关系。一个词语以原词、同义词、近义词等形式在英语语篇中重复出现，就构成了词汇衔接的复现关系，这种词汇的复现关系可以将句子联系起来，构成语篇。具体来看，复现关系还可分为以下几个方面。

① 原词复现。原词复现是指同一个词语以相同的形式、相同的语义在语篇中重复出现。原词复现的作用在于强调重要的信息，同时也可以使前后句子形成照应关系，将句子衔接起来。

② 同义词或近义词复现。同义词、近义词复现是指一些具有相同或者相近词义的词语在语篇中重复出现，它们表达的是相同的意思，但却以不同的形式出现，这样可以使语篇不会过于单调，内容显得更加丰富。相近的词语在词义上可以互相补充，使语义表达更加完整准确，实现语段、语篇的自然衔接。

③ 上下义词复现。词语中有表示类概念的词，也有表示种概念的词。一般来说，类概念词的词义包含种概念词的词义，这样就形成了上义词与下义词的关系，两个下义词则可以构成“共下义词”的关系。上义词通常比较抽象，具有一定的概括性，内涵较丰富；下义词则比较具体，往往有具体的指向。上义

---

① 吴军俐. 功能语言学与外语听说和阅读［M］. 昆明：云南大学出版社，2015.

词与下义词在文中的复现可以有效衔接上下文，构成连贯的语篇结构。

④ 概括词复现。在英语语篇中重复使用同一词语会显得单调、啰唆，但使用过多的词语表述会显得杂乱无章，因此在表述人物、时间、事件时可以适当采用一些概括词，比如people，man，thing，stuff，place等。这些词语具有概括性，可以与被概括的对象形成语义连接，既保证了语篇的衔接与连贯，又避免了语言的枯燥单调，并且能够达到上下文呼应的效果。

由此可见，词汇衔接中的复现关系是实现英语听力语篇连贯的有效手段。学生在英语听力学习中应该着重学习词汇的复现关系及其衔接方式，在面对不认识或不熟悉的词语时，也能合理地推断出其大致词义，完成对英语语篇的听力理解。

（2）词汇的同现关系。

语篇通常是围绕一个主要话题展开的，为了论述这个话题，作者必然会使用许多同属一个词汇套中的相关词语，这就形成了词汇链。词汇链中间的词语本身就有语义联系，因此它能够发挥衔接、连贯语篇的作用。当一个词汇套的词语在同一语篇中出现时，就构成了词汇衔接的同现关系，具体分为反义关系、互补关系、整体与局部关系和序列关系等。

在英语听力理解中，了解词汇的同现关系同样非常重要。对此，教师应该组织学生进行专项听力练习，让学生在分析听力材料的过程中，将相同类型、相同主题的词语进行总结积累，或者让学生根据关联词汇来推测英语听力语篇的主题。掌握了这一方法，在听力理解中遇到“What are they talking about?”“Where did the conversation take place?”等常见的问题时，就可以利用词汇同现来解决。

综上所述，词汇是构成语篇的基础，是语篇中的有形网络。在英语听力语篇中，词汇是实现语篇连贯的关键因素，它能够衔接上下文，表现说话者的交际意图。因此在英语听力教学中，关于词汇衔接的分析教学不容忽视，教师应该培养学生的词汇衔接意识，锻炼其词汇分析的能力，进而提高学生对英语听力的理解能力。

第四章

04 高中英语课堂阅读教学模式

第一节 英语阅读教学相关理论

一、英语阅读的理论依据

（一）语言理论

1. 结构主义

结构主义是一种应用于各种学科的方法，其目的是探索一些基本要素之间的相互关系。在此基础上，社会、文化和其他结构通过其中的意义建立特定的制度与文化。瑞士语言学家弗迪南·德·索绪尔（Ferdinand de Saussure）是开创20世纪结构主义的第一人。在他的著作《世界通用语言课程》中指出，语言的使用（言语或谈话）不是集中的，而是潜在的语言系统。因此，语言的要素是相互联系的，是同步现在的，而不是历史的。索绪尔提出了这个观点，即语言符号由两个部分组成：一个是“意”，另一个是“音”，无论是在心理上投射——就像我们默默地背诵一首诗中的诗句给自己听，或是在实际的身体体验中都是如此。索绪尔认为语言是行为的一部分，是一个有意义的（词的概念或意义）对符号内部结构的考察，而不是对符号与物体关系的考察。

这一时期，索绪尔对现代语言学产生了巨大影响。在第一次世界大战和第二次世界大战之间出现了三种结构语言学流派：布拉格学派，主要研究结构语言学和功能语言学，包括语言结构和功能；哥本哈根结构语言学学派，重视结构之间的关系；美国结构语言学学派，强调结构形式的描述。结构主义的影响可以从方方面面看出来。美国结构主义的先驱是弗朗茨·博阿斯和爱德华·萨丕尔，而具有里程碑意义的人物是布卢姆菲尔德，他奠定了美国描写语言学的基础。在他的两部著作《语言科学的一系列假设》和《语言》中，他继承和发展了弗朗茨的理论与方法。弗朗茨和爱德华的主要观点是，语言的关键在于对“使语言成为可能”这一基本概念进行严密的辩论和平衡的表述，认为应该从声音到句子对语言进行分析。强调可观测语言数据客观性和系统性的重要性并不是非语言因素，而是形式的分析和分类。因此，美国结构主义是经验主义的归纳或基于数据的延伸。

20世纪三四十年代被称为布卢姆菲尔德时代，美国结构主义在这一时期的发展达到了顶峰。美国结构主义的特点可以概括为侧重于口头描述；注重形式分析，忽视语义因素；重点介绍分布情况和置换方法；采用即时成分分析；构建音素。

从结构主义的角度看美国结构主义语言教学理论，语言是一个由不同层次的结构组成的系统。从音素到句法，每种语言中，这些组成部分的数量都是有限的，学习者要学习的就是这些组成部分。学习者要学习发音和单词的规则与语法规则，从而形成句子。一旦掌握了这些规则，他们就学会了语言。

美国结构语言学家在语言研究中明确采用了行为主义的方法，以科学客观性的名义回避一切涉及精神或概念范畴的问题。特别是他们采纳了行为主义的语义理论，根据语义建立刺激和语言反应之间的关系。语言教师应该教语言本身，而不是语言知识。语言是母语者所说的话，而不是别人说的话，语言活动是刺激和反应的产物。

语言学习是掌握一套符号系统的操作技能，即形成一种语言对刺激做出准确反应的习惯。结构主义语言教学的主要方法是对结构形式进行经验模式训练，也称为刺激反应训练。以布卢姆菲尔德为代表的行为主义学派认为，语言学习是一种语言习得过程。

2. 转换生成语言学

（1）转换生成语法。

转换生成语法（Transformational Generative Grammar，TGG），又称转换语法（Transformational Grammar，TG），是由乔姆斯基在1957年出版的《句法》一书中提出的理论，他认为世界上所有的自然语言都有一些共同的语言属性，这一语言学假设使他试图建立一个模型来描述所有的语言，探索普遍规律，以期揭示人类认知系统的本质，即人的本性。

（2）深层结构和表层结构。

在语句分析中，每句话都有两个层次，即深层结构和表层结构。深层结构包含所有解释句子意思所必需的单位和关系，它揭示了语言话语的基本结构，并规定了语法关系和功能的句法要素以及构成要素的语言意义。表层结构是实际产生的结构，是直接观察到的句子的实际沟通形式。表层结构是一种相对抽象的句子结构，是通过应用而产生的。在基本规则和转换规则中，深层结构与表层结构是转换关系。

（3）能力和性能。

乔姆斯基区分了语言能力和语言表现。对他来说，语言能力是指母语者对该语言的内化知识，而语言表现则是指母语者所产生的实际话语。乔姆斯基认为，语言学家应该研究的是语言能力，而不是语言的表现，母语者要建立一套规则体系，从而产生无数的语法和句子。乔姆斯基认为，为了达到这一目标，我们应该使用演绎式假设检验。

（二）学习理论

1. 行为主义

行为主义是一个心理学流派，它认为行为可以不依赖内在的精神状态被科学地研究，并逐渐影响了学习理论。它不使用“思想”或“想法”之类的概念，也不使用任何一种心理行为解释外部事件（刺激）如何导致个体行为的改变（反应）。行为主义包括古典行为主义和新行为主义。俄罗斯心理学家伊凡·巴甫洛夫，美国心理学家约翰·华生都是著名的古典行为学家。约翰·华生发表的文章《行为主义者眼中的心理学》被认为是行为主义的入门。为了证明环境条件会导致动物有特定的行为方式，华生做了很多关于动物和动物行为的实验。他不考虑动物的思想，断言人类的行为与动物没有什么不同。华生的想法受到了许多心理学家的支持，因此直到20世纪60年代中期，行为主义理论一直占据主导地位。早期的行为主义者试图用刺激和反应来描述学习。刺激是可观察到的影响行为和反应的事件，通过刺激可以观察到学习行为。

2. 斯蒂芬·克拉申的二语习得理论

美国语言学家斯蒂芬·克拉申以其第二语言习得理论而著名。真正的语言习得是缓慢的，即使是说出来的条件很好，技能出现的时间也明显晚于倾听技能。因此，学生们想知道那些在低焦虑情况下提供“可理解输入”的信息，是否包含这样的信息。这些方法并不强制使用第二语言进行早期生产，而是让学生在他们准备好的时候生产，认识到改进来自供应交流和能理解的输入，而不是强迫和纠正生产。在克拉申的理论中，克拉申认为“学习不是获得”，流利的第二语言或外语取决于学习者所获得的，而不是他们所拥有的。

3. 篇章理论

（1）篇章。

韩礼德认为，篇章是社交语义单位，通过词组、短语或词这些词汇—语法单位来实现。国内多数学者提到的篇章都是广义的，包括话语和篇章。

（2）篇章分析。

篇章分析是对句子、语段或更大的、表达完整意义的语言单位进行的分析，小句是篇章分析的最小单位。有学者认为，篇章的线性结构成分包括五级。由大到小构成的层级网模式如下：篇章（含题目）—语段（段落）—句群—复句—小句。一个完整的篇章由上述五级单位构成，其中的构成虽然以语法单位为基础，但并不等同于语法单位。邢欣认为，邢福义提出的小句“成活律、包容律和联结律”恰好是句子由句法到篇章的重要参照范畴，可以看作三个范畴特征，形式化为：

[联结]：语法体现：[+衔接语]

语义特征：[+连贯]

语用标志：[+关联模式]

[成活]：语法体现：[+语调][+情态][+时态][+语态]

语义特征：[+语义完整]

[包容]：体现：[-语调][-情态][±时态][+独立结构]

在上述特征中，连贯和关联模式指的是小句必须具有前后照应和相互关联的内容。衔接语较为复杂，可以按主观性的有无分为话语标记和语用标记，这两种标记又可以按照信息量的有无、强弱进行次分类。

4. 语篇分析理论

语篇类型是指记叙文、议论文、说明文、应用文等不同类型的文体，以及口头、书面等多模态形式的语篇，如文字、图示、歌曲、音频、视频等。接触和学习不同类型的语篇，熟悉生活中常见的语篇形式，把握不同语篇的特定结构、文体特征和表达方式，不仅有助于学生加深对语篇意义的理解，还有助于他们使用不同类型的语篇进行有效的表达与交流。必修课程所学习的语篇类型要体现其基础性和通用性，选择性必修和选修课程（提高类）的语篇类型则可以进一步丰富并更多关注语篇的内涵意义。

传统英语阅读教学忽略了英语作为专门用途语言的特殊性，只注重对阅读材料语法分析，逐字逐句讲解，逐句逐段翻译，其结果是只见树木不见森林，影响了对文章的整体理解，忽略了对文体的把握，使文化背景缺失，学生虽能够就重点词汇、短语和句子进行正确问答，却不了解整篇文章的框架结构、篇章连接方法，不能概括文章大意，对类似文体起不到举一反三的效果。所以在语篇分析理论的指导下，英语阅读不应将语言分析抽离于语境、背景知识和体裁之外。在讲授语篇阅读之前，教师应当通过问题导入、小组讨论等课堂活动激活学生脑海中相关知识的旧图式，并在此基础上补充信息。由于学生多为 pre-experienced learner（经验丰富的学习者），缺乏工作经验，此处的信息主要为语境信息。在激活并补充了旧图式之后，教师可依据文章内容勾勒出流程图、框架图、提示卡等辅助学生对阅读文章进行理解。

二、英语阅读教学目标

（一）英语阅读教学目标存在的问题

教学目标是教师期望学生在完成学习任务后达到的行为变化程度，是课堂教学的出发点和归宿。阅读教学是高中英语教学的重点，因此聚焦阅读教学的起始环节，对目标设定进行研究就显得尤为重要了。为了更加科学、客观地了解教师在阅读教学中的目标定位情况，在对大量的教学设计进行分析之后，笔者发现教师在英语阅读教学中的目标定位主要存在两类问题：即脱离学情和脱离文本。

目标定位无论是脱离学情还是脱离文本，都属于定位失当，会造成课堂教学无序随意，高耗低效。形同虚设的教学目标无法起到有效的支配、调控、评价教学活动全过程的作用，也无法发挥其导向、约束、激励的功能，培养学生语言能力的旨归更无从谈起。

1. 英语教学目标脱离学情

学情分析是教学目标设定的基础，是教材分析的依据，是教学策略选择和教学活动设计的落脚点。然而在教学实践中，教师往往无视学生的心智特点、认知特点和已有的认知水平，因而未能有效地进行教学目标定位。高中英语教学目标脱离学情，主要体现在以下几个方面。

（1）忽视学生心智和思维特点。

① 忽视学生心智特点。生活在网络媒介极度发达的新时代，学生获取信息的渠道和能力不容小觑。他们对事物的理解和观点不可轻视，不人云亦云，他们追求个性的特质理应受到尊重。对于大多数阅读文本的话题，学生已经具备一定的知识背景，有一定的了解或见解，故教师不能从自身角度或经验角度出发去确定目标，决定学生的学习内容和学习方法。

② 忽视学生思维特点。学生的思维特点是一个广义的概念，包括学生的认知结构、认知能力、思维特征等。高中学生爱研究、喜探索，相对于一味被告知做什么，他们更倾向于主动去尝试做什么，并在做的时候逐渐明白怎么做。自主体验更能让学生获得成就感，从而保持求知的热情。高中生与初中生相比，更愿意也更需要思考一些有思维质量的问题。从识记理解、应用分析到综合评价，这不单单是学生思维培养的序列层次，也是自然发展状态下的必然梯度。文本除了表层信息、语言形式之外，还蕴含着其他深层次要素，如时代印记、社会形态、民族传统、文化意识、作者态度、读者体验等，而对这些要素的理解必然通过深层次的阅读和思考来获得。所以，目标定位不能过分倚重知识，教师一定要关注学生的思维活动内容和层次，由浅入深，循序渐进，培养学生的高阶思维品质。

（2）忽视学生原有的认知结构。

学生原有的认知结构是班级很多学生学习某个文本时已经建立的图式。图式是大脑为了便于信息储存和处理，而将新事物与已有的知识、经历有机地组织起来的一种知识表征形式，是相互关联的知识构成的完整的信息系统，因此目标定位必须以学生原有的认知结构为出发点。教师在解读文本的时候，应该从语言知识和技能、文化背景、话题功能等显性维度清晰地知晓学生已经了解的知识。除此之外，教师对学生的阅读心理准备、阅读动机、探究和合作精神、评判性思维意识等隐性维度也应该有充分的了解。唯有教师了解学生原有的认知结构，才可能设定合理的教学目标，帮助学生激活旧图式，构建新图式，激发学生的学习潜能，促进学生主动发展。

2. 英语阅读教学目标脱离文本

一切解读皆源自文本，如果说文本解读是阅读教学的逻辑起点，那么文本则是文本解读的系统之端。尊重文本的解读才是真正的阅读教学，才是真实阅读教学的开端，也才是科学目标定位的起点。除了前面提到的目标定位脱离学情的问题之外，还发现部分教师在设定教学目标时脱离了文本，主要表现在以下几个方面。

（1）未能抓住目标定位的文本主线。

目标是有指向性的，而文本同样有指向性。任何文本在行文的时候都有或明或隐的主线，由其在主题的引领下贯穿全文。若教学目标定位能够抓住文本主线，那么课堂教学就能紧扣目标、思路明晰、主次分明、重点突出，课堂的节奏得以把控，问题链得以形成，阅读任务得以层层推进，更利于学生的图式构建和思维提升。

（2）未能凸显目标定位的文本主题。

此处讨论的主题是在单元语域下的文本话题。《普通高中英语课程标准（实验）》（以下简称《标准》）在高中英语阅读技能教学中对教材选择的建议是“题材广泛，体裁多样”，所以一共涉及了24个话题。这些话题以单元主题的形式看似随意地散落在各个模块中，而实际上是由教材编者审慎选择，并根据学生心理和认知特点不断循环提升其难度的。脱离文本主题的目标定位缺乏话题意识，没有意识到话题是承载语言内容、语言表达、语言思维的主题词，这样必然导致学生的话题功能区有盲点或空白地带，由该话题衍生出的语言内容、信息表达、思维内涵等皆有缺失。

（3）未能顾及目标定位的文本体裁。

文体是指独立成篇的文本体裁或样式，是文本构成的规格和模式，反映了文本从内容到形式的整体特点。高中英语课程标准在语言阅读技能八级目标中明确提出“学生能识别不同文体的特征”，在写作八级目标中提出“学生能做到文体规范、语句通顺”，在写作技能评价的测试要点中提到“用词及文体恰当”，等等。结合文体特征的教学目标定位意在设定阅读教学目标时，需要充分考虑文体的一般特征，特别是该文体的独有特征，并分析其结构，重视其布局，聚焦其语言，剖析文本的内在逻辑和表现手法，挖掘思想内涵和深层意蕴。

（二）综合视野下英语阅读教学的目标

1. 综合视野下阅读教学的目标定位

阅读是读者与作者之间情感的交流、心灵的对话、智慧的碰撞。阅读教学则是教师、学生、文本之间的对话过程，其目的在于引导学生通过教学互动与参与，依据英语语言的特点、学生个人的认知及语篇（文本）的特征，达到对阅读篇章正确而合理的解读，进而实现对语篇主题的把握。这就意味着阅读教学目标定位应基于学情、基于文本。在深入分析高中英语阅读教学目标定位存在的主要问题及成因后，笔者认为目标定位的主体对象应为学生，并在此基础上提出三个要点：①阅读教学目标的定位应基于学生的阅读基础；②阅读教学目标的定位应基于具体文本的主题与特征；③阅读教学目标的定位应基于阅读教学的综合视野视角进行合理取舍。据此，笔者提出综合视野下阅读课堂教学目标定位的三个“结合”。

（1）结合学情进行的目标定位。

教师对学习者如何学习的了解程度决定了其教育哲学，教学风格，教学途径、方法和课堂教学技巧，由此可见，了解学生实际情况、做好学情分析的必要性。通过学情分析，教师不仅可以在确定教学目标时能够从学生的实际出发，有直接性和针对性，并且可以发现教学重难点，从而制定和调整教学策略。学情分析与教学设计的其他组成部分有着重要的联系，在教学设计中起着调整教学目标、确定教学重难点以及优化教学活动的作用，以使教学设计符合学生学习和发展的需要。根据其内涵，学情分析可以分为学生情况分析和学习情况分析。因此，建议尝试结合以下两个方面对学情进行具体的分析，以使目标定位更为准确。

① 结合学生已知的生活经验与兴趣进行目标定位。面对已经积累了一定生活经验的高中生，教师在教授知识时如能尽量将教学内容与学生的现实生活联系起来，不仅能激发学生学习英语的兴趣，还能促使他们在已有的生活经验中去学习新知识，在实际生活中运用英语，提高他们运用英语的能力。

以人教版选修第六模块Unit 5 Reading：*An Exciting Job*为例，该文本从火山学家的角度，用第一人称讲述了“我”第一次目睹火山爆发时的情景与心情，通过对“the first sight of an eruption”的描写和对火山学家这份工作的介绍，向读者充分描绘了作者对其工作的热爱与自豪。鉴于学生对该职业缺乏了解，可以将文本中与该职业相关的信息进行梳理，帮助学生了解火山学家这个职业的特殊性，使学生学会理解和尊重不同职业的特点。除此之外，从文本中也可以发现作者敢于冒险的性格特征（personalities）以及他对火山研究的浓厚兴趣。教师可结合高考引发学生对高中生涯规划的思考，探讨作者的兴趣、特点对其做好这份工作的正面影响，并以此鼓励学生结合自身的优势与兴趣爱好，对自己的未来职业做一设想与规划。

② 根据学生的学习情况以及认知水平进行目标定位。根据二语习得理论，在二语教学中，教师所教授的知识须建立在学生已有知识的基础上，体现“输入假说（the Input Hypothesis）”发展而来的“i+1原则”。该理论说明，教师必须提前充分了解学生的基础，即对他们已有的知识做出分析，并根据学生的基础来调整自己的教学目标，完善教学过程，巩固教学成果。

例如，在进行人教版选修第六模块Unit 5 Reading：*An Exciting Job*的教学目标定位时，会发现根据人教版教材的编排，学生已经较系统地学习过另一种自然灾害——地震（人教版必修第一模块Unit 4 *Earthquakes*），并对其破坏性有较为深刻的印象。此外，学生也对其他自然灾害有一定的了解，并积累了一些相关的语言知识。然而，在认真解读*An Exciting Job*之后，学生会发现该文本的语气、风格与之前学习的文本迥然不同，字里行间处处可见作者对大自然的敬畏，对火山喷发时壮观景象的赞叹，对火山学家这一身份的自豪感以及无怨无悔的信念，这些也正是该文本中需要达成的情感目标。

又如，人教版选修第八模块Unit 3的阅读文本*The Problem of Snakes*是以“inventing stages”为脉络编写的。这种按照科学发明研究步骤组织行文的文本，在人教版必修第五模块Unit 1 Reading：*John Snow Defeats King Cholera*就曾经出现过，如能在唤起学生原有印象与知识的基础上进行巩固，不仅能降低难度，效果也会更好。

（2）结合文本进行的目标定位。

文本不仅是语言知识的载体，同时还能传递思想、表达情感、传承文化。教师需要深入解读文本，挖掘文本中所蕴含的丰富信息，读出它们的内在思想、逻辑关系，读出文本背后的故事，并在阅读教学中加以体现，从而引领学生从不同的视角理解、体验和感受文本，赋予文本以生命，赋予课堂以活力，使阅读教学变得立体和综合，最终实现提高学生英语学习兴趣和综合语言运用能力的目的。在这一过程中，教师解读文本的角度和深度直接影响学生对文本的理解与体验。教师对“教什么”“怎么教”“教到何种程度”等的决策，即目标定位，都应以对文本的正确解读和对学生情况的充分了解为基础。

① 结合单元话题进行目标定位。人教版《普通高中课程标准实验教科书·英语》教材编写以话题为核心，以结构和功能项目为主线，组织和安排听、说、读、写的活动，通过任务型活动和完成项目来实现教学目标。该教材涉及的话题很广，涵盖社会科学和自然科学，如信息技术、航天技术、环保、法制、文学、音乐、医学、美术、体育以及工、农、商等方面的教学内容。阅读部分提供了各单元的主要阅读语篇，题材和体裁多样，这些课文不仅载有该单元有关主题的重要信息，还呈现了其中大部分的词汇和主要的语法结构。人教版教材中的阅读文本贴近学生生活，符合学生的年龄特征，内容丰富、语言地道、构思巧妙，是学生学习语言知识、感悟谋篇布局、激发情感思维的鲜活材料。每个单元均围绕话题展开听、说、读、写等语言技能的训练，旨在发展

学生的综合语言运用能力，尤其是提高学生用英语思维和表达的能力。

以人教版选修第六模块Unit 5为例，该单元阅读文本标题为*An Exciting Job*，而单元话题却是“The Power of Nature”，结合单元话题和文本内容可以看出，该阅读文本是从“人”的主观角度出发，让学生更直观地了解火山的力量和火山学家这份工作的内容与意义，使学生认识到火山是美丽的，但同时极具破坏力，而火山学家的工作可以减少其引发的损失，从而对该职业的敬佩之情油然而生。细读最后一段：“Today，I am just as enthusiastic about my job as the day I first started.Having studied volcanoes now for many years，I am still amazed at their beauty as well as their potential to cause great damage.”可以发现其中的“beauty”和“potential to cause great damage”与前文介绍的火山学家工作的内容、意义以及“the first sight of an eruption”遥相呼应，描绘出了人类与自然互相斗争又和谐共处的画面。由此可见，该文本与单元话题是紧密联系、相辅相成的。如果把阅读文本脱离出单元话题进行单独处理，就容易出现只见树木不见森林或一叶障目的片面解读，甚或盲目解读。

② 结合文本体裁和语篇优势进行目标定位，具体如下。

第一，关注文本体裁。高中英语课程标准语言技能阅读八级目标要求学生“能识别不同文体的特征”。文体是指独立成篇的文本体裁（或样式、体制），是文本构成的规格和模式。就体裁而言，英语阅读文本可分为论述类（Argumentative Writing）、说明类（Expositive Writing）、描写类（Descriptive Writing）和叙述类（Narrative Writing）四种文体。不同的文体有着不同的文章架构、表现手法、写作目的、语言特点。说明文体主要是解决what和how的问题，议论文体重点解决what，how和why的问题，记叙文体重点解决who，when，where，what和how的问题。

例如，人教版选修第六模块Unit 5 Reading：*An Exciting Job*为第一人称的情感类记叙文，可注重对人物情感变化的解读和评判性思维能力的培养。文本以标题中的“exciting”为线索，将作者对火山学家这份工作的热爱表露无遗，而支撑这条情感线的有许多细节描写，如“the greatest job”，“never bored”，“danger excites me”，“makes me feel alive”，“the eruption itself is really exciting to watch”等。文章中的两个“however”与一个“unfortunately”更是将他的激动和遗憾之情表现得淋漓尽致，使学生身临其境，折服于其对这份工作的热爱。而在评判性思维能力培养方面，可以讨论作者是如何谋篇布局，使文本如此具有说服力的；也可以探讨作者本身的性格特征对其做好这份工作的正面影响，并以此鼓励学生结合自身的兴趣与优势，进行合理的生涯规划，即便退而求其次，也能使学生理解与尊重不同的职业特点。

第二，突出语篇优势。作为课文的文章首先应是一个独立语篇，具有自身的语义功能、语用目的和语境。因此，每一篇课文都有自己独特的语篇优势，即自身较为突出的地方，如语言优势、结构优势、思维优势等。在绝大多数情况下，课文的语篇优势就是课标要求的教学重难点。教师只有基于语篇优势进行阅读教学，才能真正领会教材编写专家的实际意图，才能更好地把握教学的重难点，最大限度地达到教学目标。

例如，人教版选修第八模块Unit 3 Reading：*The Problem of Snakes*，结合单元话题“Inventors and Inventions”以及Warming up环节的内容可以看出，该文本的语篇优势在其以“scientific stages of inventing”为脉络编写的结构，如能根据该结构对文本细节信息进行梳理，则能事半功倍。

（3）基于阅读教学综合视野进行的目标定位。

每当对一个文本进行多元而详细的解读时，教师都会觉得课堂上要教的内容实在太多了。这时就产生了选择教学内容的问题。不同的语篇、不同的教学阶段，应该要有不同的教学聚焦，因为一堂课的时间是常量，不能在一堂课中解决所有问题，而基于阅读教学的综合视野视角进行目标定位，也就是在“取”与“舍”中平衡的过程。从某种意义上而言，教师需要在进行充分的学情分析和文本解读之后，结合课标要求，根据学生实际情况，尊重具体文本，在综合内容、思维与语言的大前提下，有侧重地进行取舍。

以人教版选修第八模块Unit 3 Reading：*The Problem of Snakes*为例，该单元的话题为“inventions”“patent applications”和“great inventors”。该文本是一篇记叙文，讲述一个女孩通过多次尝试，最后成功地把在她母亲院子里安家的蛇捉住并放归大自然，同时在亲友们的鼓励下，她的捕蛇技术正在申请发明专利的故事，文章也顺势提及了专利申请的标准。文本分为八个自然段，分别对应Warming up中的六个发明步骤（Inventing stages），即：Finding a problem（Para.1），Doing research （Para.2），Thinking of a creative solution（Para.3），Testing the solution（Paras.4 ~ 6），Deciding on the invention以及Applying for a patent（Paras.7 ~ 8）。

人教版选修第八模块教师教学用书认为，这篇文章是关于生活中出现的“One small problem that needed to be solved”，其写作目的有两个方面：“to describe an invention so that students can identify its stages”和“to show that inventions are not necessarily important enough to make a lot of money”。经过多元和反复的解读，笔者认为，这两个目的是合理的，但是根据学情和文本，需有所侧重。

由于在人教版必修第五模块Unit 1 Reading：*John Snow Defeats King Cholera*就曾出现类似的行文结构，对学生而言，文章的结构和科学发明的步骤并不难厘清，所以可将其设定为教学目标中的重点而非难点。但在学生的生活经验中，对捕蛇及其相关内容颇为陌生，加之蛇在生活和文化中的形象并不算可爱，学生虽对该内容有一定兴趣与好奇，但也不免有些退缩。因此，如何将一篇文本解读得让学生感兴趣并有所收获，对教师也是一项挑战。在解读的过程中可以发现，文本中有一些“奇异”或是“不合理”的地方：文章中用非常温和的手段，经过多次尝试后成功捕到了蛇，最终将其放归大自然，事实上这样的处理方式和结局在日常生活中并不多见；此外，生活中这么小的一个发明，设计者竟然去申请了专利，也颇让人感觉惊讶。究其原因，这些看似奇异不合理的方式和观念多为文化之间的差异所造成。

语言有丰富的文化内涵。在外语教学中，文化是指所学语言国家的历史地理、风土人情、传统习俗、生活方式、文学艺术、行为规范、价值观念等。接触和了解英语国家文化有益于英语的理解与使用，有益于加深对本国文化的理解与认识，有益于培养世界意识。因此，将对文化差异的感知与理解也列为教学目标之一，与教师用书中提出的第二个写作目的的解读不谋而合。多次的解读和梳理之后，笔者发现文本的解读难点在最后两段，也就是“申请专利的标准和方法”这一部分。因此，将其设为教学重难点，并在教学设计时充分搭设支架（如专利的概念界定等）以降低难度，在教学过程中对相关语言进行处理，能有效突破难点。

当前的阅读教学讲究源于文本，又高于文本。文本及其承载的意义永远是第一位的。阅读教学的过程实质上就是理解与回应文本和情境的过程。只有领悟到文本的美与精华，才能真正去挖掘和利用文本的内涵，最大限度地体现文本的价值，充分发挥阅读教学的有效性，凸显阅读教学的目的所在。

在进行阅读教学目标定位之前，首先要结合单元话题，充分解读文本；其次根据文本体裁确定其语篇优势与亮点，有针对性地选择和使用相关语言，在语言呈现和使用的过程中，张弛有度；最后综合文本的内容、思维、语言，根据学生实际情况有侧重地进行取舍。

2. 综合视野下阅读教学目标叙写

（1）目标叙写的常见问题。

在各级各类高中英语阅读教学研讨活动中，教学目标的叙写存在着诸多问题，有的主体错位、主语混用；有的机械套用“标准格式”，看似面面俱到，实则多为言之无物的、空洞的教学目标；还有的教学目标定位过泛，无法评价。

① 主体错位，具体如下。

例1：人教版必修第一模块Unit 1 Reading：*Anne's Best Friend objectives*。

· Realize the importance of friends and friendship.

· Get the students to learn the following useful new words and expressions: list, share, feeling, series, out doors, crazy, entirely, go through, hide away, set down, on purpose, in order to, according to.

· Help the students develop their reading ability and learn to use some reading strategies.

问题剖析：案例中教学目标的主体是混乱与错位的。第一个目标表述的主体是学生，而第二个目标和第三个目标表述的主体显然是教师。在很多教学案例中，教师在定位教学目标主体时不是以学论教，而是站在教师的立场上对学生提出学习要求。这种描述方式反映出教师以教代学的教学观，课堂教学以教师为主体，采取传统的教育方式，以传授知识为主，而学生处于被动学习的状态。

《标准》虽没有明确规定教学目标的主体是教师还是学生，却明确指出学生是教学过程的主体。所以，在新课程理念下，教师设定教学目标时应以学生为主体，以“基于学生发展、关注学生发展、为了学生发展”为指导思想来制定教学目标。教学目标的表述也应以学生为主体，对学生的学习行为进行描述，如“By the end of the class，students will be able to...”这样的转变体现了教师教学重心的转移，即从关注自己教的效果转变为关注学生学的效果。

② 机械套用，具体如下。

例2：人教版必修第一模块Unit 5 Reading：*Elias' Story objectives*。

Knowledge aims：

· Learn the following useful new words and expressions in this passage：hero，quality，willing，active，peaceful，fee，youth，league，stage，lose heart，in trouble，worry about，out of work，as a matter of fact，blow up，put...in prison.

· Know the qualities of a great person.

· Learn about Nelson Mandela.

Ability aims：

· Learn and practice different reading skills.

· Learn how to give their opinions.

Emotional aims：

· Learn from Nelson Mandela to develop moral qualities.

· Learn noble qualities from great persons.

问题剖析：本案例中教师将“三维”目标理解成了“三类”目标，机械套用了“三维”目标框架。“三维”目标并不是简单的平面目标，而是将三者交融互进的目标，具有内在的统一性。“三维”目标是教学目标的三个维度，并不是三个部分，更不是独立的三种目标。“三维”教学目标是一种理念，是教学的方向，它并不一定要作为课时教学目标落实，不应被当作一种模式来生搬硬套。

③ 笼统宽泛，具体如下。

例3：人教版必修第一模块Unit 2 Reading：*The Road to Modern English*。

Objectives：

Bv the end of this class，students will be able to：

· improve their reading ability.

· develop their cultural awareness.

· grasp the general idea of the text.

问题剖析：案例中教学目标表述过于笼统、宽泛，使得本节课的教学目标不具体，难以评价。第一个目标和第二个目标在一节课内是很难实现的，然而，第三个目标则适用于任何一节阅读课，这样的目标形同虚设。制定教学目标时，教师应明确本节课学生应达到的目标，还要特别注意教学目标的可行性。在教师平时的教学目标叙写中多数行为动词比较模糊、宽泛，如master，learn，develop，understand，improve等，这些行为动词所对应的目标达成程度不明确，很难去衡量学生在课堂教学结束之后是否真正学有所获。为了使教学目标具有可操作性和可检测性，表述教学目标时要尽量采用具体的行为动词，如describe，explain，summarize，conclude，retell等。这不仅有利于实施教学，也有利于在教学中开展评价。

（2）目标叙写的基本要素。

① 常见的目标叙写方式。教学目标叙写是教学设计的一个环节，教学目标设定后通过叙写使其成为指导性的核心要求，对教学各环节的设计起到引领、规范的作用。教师在叙写的过程中，可以对所设定的目标进行再梳理、再认知和再加工，使原本抽象、思维化的目标成为具体、可见的文字，目的性更明，层次性更清，指导性更强，也更利于在实际教学中沿波讨源，评价反思。通过研读学习近现代有关教学目标叙写的研究，笔者发现主要存在以下三类目标叙写的基本方式。

第一，行为目标表述法。在行为目标表述法中，可观察、可测量的行为目标应具备三个要素，即清楚描述通过教学学生能具备的能力（“做什么”或

“说什么”），规定学生的行为产生的条件，规定符合要求的作业标准。行为目标应明确地使教师和学生知道教学目标是什么以及如何观察和测量这种能力。由于采用的行为动词明确、可测量、可评价，行为目标表述法避免了用传统方法陈述目标的含糊性、不明确性，但该表述法只强调了行为结果，这导致教师可能因此只关注学生外在行为变化而忽略了学生内在的心理能力和情感变化。此外，行为目标表述法并未强调行为的主体应该是学生，而不是教师。

第二，内部过程与外显行为相结合的教学目标表述法。内部过程与外显行为相结合的教学目标表述法在1978年首次提出。该表述法先陈述内部心理过程的目标，然后列出表明这种内部心理变化的可观察的行为样例，使目标具体化。教师在陈述教学目标时首先应分两步，先明确陈述如记忆、知觉、理解、创造、热爱、欣赏、尊重等内在的心理变化；为使这些内在的心理变化变得可以观察和测量，再列举出反映这些内在变化的具体行为。

内部过程与外显行为相结合的教学目标表述法避免了行为目标表述法可能产生的机械性和表层性，也克服了教学目标陈述时的含糊性。但有时，人的认知和情感变化并不是参与一两次教学活动就能显现出来的。教师也很难预期一定教学活动后学生的内在心理过程将出现什么变化，因此，这一方法也存在一定的局限性。

第三，ABCD目标表述法。ABCD目标表述法于1983年在马杰的理论基础上提出。ABCD分别表示主体（Audience）、行为动词（Behavior）、行为条件（Condition）和表现程度（Degree）。ABCD目标表述法所提炼的要素关键、精准，表述清晰而具体，操作简洁且便利，是目前各个学科教师普遍使用的一种叙写方法。但在研究中也发现，表现程度的表述有时候是比较困难的。表现程度即学生对目标所达成的最低表现水准，用以衡量学生学习表现或学习结果所达到的最低限度，如使用fluently，quickly，accurately等程度副词。这部分可能是叙写中最困难的部分，因为很多行为的达成很难量化，很难在每一次备课中制定出合理的最低标准。

② 综合视野下阅读教学目标叙写方式。在比较研究上述三种目标表述法之后可以看出，无论用何种目标叙写方式，都可能会陷入机械套用或思维定式的

怪圈。实际上，平时在做教学设计的时候，要经常思考“这节课让学生获得什么，获得多少，用多长时间获得，怎样获得”，这样思考之后确定的教学目标才是切合实际的教学目标。根据这样的思路，在综合各方面的优点之后，笔者认为教学目标的叙写不用遵循某一特定的格式或原则，只要明确“以什么方式用什么活动达到什么目标”是阅读教学的目标即可，这样叙写的教学目标自然就是科学和准确的。

例4：人教版必修第一模块Unit 3 Reading：*Journey down the Mekong*教学目标叙写如下。

objectives：

· By the end of this class，students will be able to find out the dream of Wang Wei and Wang Kun through scanning the passage and retell their plan for the trip.

· After class，students will be able to list the things they need to prepare for a trip through discussion and be able to write a short travel plan within 120 words.

问题剖析：该案例第一个目标在叙写时表明的“方式”为阅读策略中的“scanning”，而“活动”则是“retell their plan”等，最后达成的目标就是学生对文本内容的理解和掌握。在第二个目标的表述中，可以看出“方式”仍然是阅读策略中的“scanning”，而“活动”是“discussing”和“writing”，需要达到的“教学目标”则是“以读促说”和“以读促写”。

3. 综合视野下阅读教学目标评价

众所周知，教学评价具有检查、诊断、反馈、激励、甄别和选拔等多种功能，目的是检验与改进学生的学习和教师的教学，改善课堂教学，完善教学过程。

在进行目标评价的时候，首先要明确目标定位是否符合前文所提出的原则；其次看目标的陈述是否符合“以什么方式用什么活动达到什么目标”的叙写方式；最后明确该如何对教学目标的达成效果进行评价。

对于教学目标的评价，教师既要考虑终结性评价，同时也要结合过程性评价来考量预设与生成的一致性。在阅读教学过程中，建议用学生参与程度和任务达成效度来进行过程性评价。

（1）学生参与程度评价。

评价教学目标定位是否有效，其中非常重要的一个指标就是学生的参与程度，这可以从学生参与教学活动的积极性看出。可以设计一个课堂观察表来监测学生的参与程度，该观察表由“学习过程的学生参与细则表”和“课堂学生座位表”组成，具体见表4-1和表4-2①，以此评价学生参与教学活动的广泛性。一堂课中参与活动的学生高度集中，这在平常的课堂教学中是很常见的。这主要是因为教师在设计教学活动时没有充分考虑学生的认知差异和能力水平差异的因素，设计的活动形式单一，任务缺乏层次。使用课堂观察表来标注教学过程中学生的参与程度，可供教师课后反思教学之用，并根据学生的参与程度合理调整教学目标定位。

表4–1　学习过程的学生参与细则表

一、学生参与活动的态度	参与活动学生座位号
1. 关注问题情境，积极主动参与活动	
2. 能按要求正确操作	
3. 能够倾听、协作、分享	
二、学生参与活动的广度和深度	
1. 参与学习活动的人数较多	
2. 参与学习活动的方式多样	
3. 参与学习活动的时间充分	
4. 学生能提出有意义的问题或能发表个人见解	

表4–2　课堂学生座位表

S5	S10	S15	S20	S25	S30	S35	S40
S4	S9	S14	S19	S24	S29	S34	S39
S3	S8	S13	S18	S23	S28	S33	S38

① 表格引自叶恩理，翁颖卿等. 英语阅读教学中的目标定位：综合视野视角［M］. 杭州：浙江大学出版社，2015.

续表

S2	S7	S12	S17	S22	S27	S32	S37
S1	S6	S11	S16	S21	S26	S31	S36
第一组	第二组	第三组	第四组	第五组	第六组	第七组	第八组
讲台							

（2）任务达成效度评价。

一堂阅读课的教学目标定位是否准确，除了用前文提及的依据“学生参与程度”来进行评价之外，还可以根据教师所设计任务的完成效度来进行考量。任务完成效度可从阅读教学的“输入与输出的相关性和有效性”以及“作业设计对目标定位的延续性”两个方面来进行评价。

① 输入与输出的相关性。从阅读教学中可以看到，教师上阅读课的常态是“Pre-reading（一般是用多媒体展示几张图片或者回答1～2个问题）–Skimming（通常伴有1～2个选择题）–Scanning（通常伴有更多的选择）–Language Points（如果是公开课，则十有八九改成了Discussion）”。其中提到的讨论环节，是很多教师偏爱的教学活动，因为该活动可以让人产生一种“学生充分参与，课堂气氛热烈”的错觉，殊不知，这有时候是一种“虚假繁荣”。所以，一堂课的关键要看学生输出的内容与阅读教学输入内容的相关性。如果学生仅凭旧有知识就能完成输出任务，那么这样的活动设计就是失败的，因为这与本堂阅读课的输入没有相关性。据此可以评价这堂课的教学目标定位是失当的，至少语言知识的教学目标定位是不恰当的。

教师在实施英语阅读教学时，应当先进行教学目标定位，再设计相关教学活动。教学活动应该围绕教学目标进行，为实现教学目标而设置。在教学活动的设计过程中，教师设计目标语言与内容输入的时候，要依据学生差异设置适合学生的活动。同时，在设计输出活动的时候要体现目标语言的使用及目标内容的复现。输出活动可以有文章缩写、大意概括、复述文章故事、角色扮演、文章大意填空、小组讨论、小组辩论、小组报告等。这些输出活动都是可用于判定教学目标定位是否准确的量化评价方式。

② 作业设计对目标定位的延续性。阅读课的作业是读后活动的延伸，教师

不能把作业当成单独的板块，与文本的阅读割裂开来。作业的完成情况，可以帮助教师清楚地判断教学效果，验证教学目标定位是否准确。教师应布置与教学目标相关的作业，使课后作业成为课堂教学目标的延续，避免出现课堂阅读教学和课后作业各行其是的现象。

例5：人教版必修第四模块Unit 4 Reading：*Communication*：*no problem*?

A教师作业设计如下：

· Choose a country（America/Britain）to make a booklet to introduce its special body languages.

· Surf the Internet to get more information about it.

B教师作业设计如下：

· Read the passage again and again till you can retell the main information without referring to the text after class.

· Role play—Suppose you were the international students in the passage, please act out the greeting scene at the airport using some spoken and body language.

A教师设计的教学目标中有这样一条：By the end of this period，students will be able to make a simple introduction of Americans' special body language.从这个作业的设计来看，A教师已经把作业与读后活动完全联系在一起，把文本的阅读延伸到了课后，这样使得课堂中的阅读效果可以延续到课后，同时对课堂的文本理解又起到了反拨的作用，可谓"一举多得"。

B教师设计的教学目标中有这样一条：After class，students will be able to make a role play using body language. B教师的作业设计也说明了该教师清楚地知道文本解读时阅读的重要性。教师让学生在课后多读文章，这既是阅读技能的培养，同时又是阅读策略的培养。此外，让学生展开想象，进行角色扮演，这对提升学生的学习兴趣有很大的帮助。两位教师的作业设计看似大相径庭，但是他们的作业设计都是对阅读的延伸，可以让学生在课后也能得到学习技能和策略上的培养。

以上案例说明了科学合理的作业设计将对学生的英语学习起到意想不到的作用。因此在进行阅读教学课后作业设计时，教师应认真思考四个方面：第一，作业是否是阅读教学目标中要求学生掌握的技能训练；第二，作业能否反映阅读教学实施时的阅读策略；第三，作业能否反映学生的学习效果和存在的不足；第四，作业能否反映教师在实施阅读教学时存在的问题和不足。

教师如能从上述四个方面去考虑课后作业的设计，作业的完成情况就能反映出教学目标的定位是否准确，从而为下一步的教学调整提供依据。

三、英语阅读的教学方法

（一）英语阅读的有效性教学

1. 引导学生展开有效探索

传统英语课堂教学主要以教师的教学为出发点，并没有对学生的自主学习能力培养和落实给予明确的指导，不能体现教与学的统一。建构主义学习理论是国家第八次课程改革的一个很重要的理论基础，也是学生发展核心素养理论的重要依据。

在具体的英语课堂教学过程中，教师应确立培养学生核心素养的基本原则，以激发学生学习兴趣和学习动力为主要推手，创设生长课堂，让学生主动参与课堂，逐步在语言实践的过程中使学生的思维品质得以发展，文化品格得以形成，学习能力得以提升，去除零散化、碎片化的知识与技能，真正实现教与学的统一。

建构主义学习理论告诉我们，基于学生的学习经验及在真实情境下展开学习是学习的本质，是最切合学生学习特点的学习方式，也是教师进行“学习者视角”构建课堂教学的关键所在。程晓堂认为，教师在英语课堂教学中还存在很多问题，其中从培养学生英语核心素养的视角来看，在语言能力和思维品质培养上存在如下问题。

语言能力方面：知识讲解偏多，单纯技能训练偏多，应试技巧训练偏多。

思维品质方面：停留在浅层思维活动，话题的选择、问题的设置等方面没有进行较深层次的研究。

基于学生的学习经验及在真实情境下的学习情况，对教师的课堂教学是具有指导意义的。实施中要注意以下两点：第一，要通过真实问题或者故事来激发学生主动学习。语法教学的真正意义不在于让学生记住一组语言结构，而在于帮助学生形成一种能力，所以创设的情境必须是真实有效的，以此来构建知识才是可行的。第二，要通过激活学生的先前知识来激励他们主动学习。

核心素养基本理论主张建构“以学生学习为中心”的课堂教学，提出课堂教学要围绕真实情境中的问题，来组织学生的学习活动，引导学生展开探索，激励学生主动学习。学科核心素养是学科育人价值的集中体现，是学生通过学科学习而逐步形成的正确价值观、必备品格和关键能力。英语学科核心素养主要包括语言能力、文化意识、思维品质和学习能力。

（1）语言能力。

语言能力是指在社会情境中，以听、说、读、看、写等方式理解和表达意义的能力以及在学习与使用语言的过程中形成的语言意识和语感的能力。英语语言能力是构成英语学科核心素养的基础要素。英语语言能力的提高蕴含着文化意识、思维品质和学习能力的提升，有助于学生拓展国际视野和思维方式，开展跨文化交流。

（2）文化意识。

文化意识是指对中外文化的理解和对优秀文化的认同，是学生在全球化背景下表现出的跨文化认知、态度和行为取向。文化意识体现英语学科核心素养的价值取向。文化意识的培育有助于学生增强国家认同和家国情怀，坚定文化自信，树立人类命运共同体意识，学会做人做事，成长为有文明素养和社会责任感的人。

（3）思维品质。

思维品质是指思维在逻辑性、批判性、创新性等方面所表现的能力和水平。思维品质体现英语学科核心素养的心智特征。思维品质的发展有助于提升学生分析和解决问题的能力，使他们能够从跨文化视角观察和认识世界，并对事物做出正确的价值判断。

（4）学习能力。

学习能力是指学生积极运用与主动调适英语学习策略、拓宽英语学习渠道、努力提升英语学习效率的意识和能力。学习能力构成英语学科核心素养的发展条件。学习能力的培养有助于学生做好英语学习的自我管理，养成良好的学习习惯，多渠道获取学习资源，自主、高效地开展学习。

2. 开展基于任务的学习活动

核心，就是中心，是指处在事物的中心位置或者底层位置的事物，外面一般不易看见，但对事物的发展起着关键作用。由此衍生出来的核心素养，同样是处在人发展的关键位置或者底层位置。核心素养的培养不可能像制造飞机一样，这个厂制造这个部件，那个厂制造那个部件，最后在总装车间的流水线上装配完成。核心素养具有很强的综合性，不是单纯的某一项素养或者能力。核心素养的提高需要以真实问题或者真实情境为基础的任务学习或者项目学习来实现。有日本学者认为，综合性活动包含学习者的综合性、课程的综合性、内容的综合性、活动的综合性、成果的综合性。所以，基于任务的学习因为其内容的综合性、活动的丰富性决定了这样一种学习形式成果的多元化。

基于任务的学习是在课堂教学中落实核心素养的一种基本的学习方式。核心素养中“实践创新”所包含的“劳动意识、问题解决、技术应用”等因素，需要通过相关的活动学习来达成，需要在真实问题的解决及具体的社会实践中得到提高。基于任务的学习可以提高学生的综合能力，达成多个学习目标及获得多个学习成果，在具体的实践中，教师要注意以下问题。

（1）任务能否激励学生全身心地投入学习。

在设置任务的时候，任务不在于多，但选择的形式很重要。形式的好坏影响着学生的学习热情。例如，教师通过唱歌、猜谜语的学习活动激起学生强烈的学习兴趣，在适当的时候选取适当的方式，用歌曲和猜谜语的形式进行新语法与新词汇的教学，学生的学习热情很高。学唱英文歌和猜谜语是学生喜闻乐见的活动，也是他们喜欢参与的活动，看似只是唱歌和猜谜语，实际还教授了语法和新单词，在愉快的教学活动中帮助学生把知识和意义建立了联系，避免了知识的碎片化和浅显化。这是一种“浸入式”学习，源自教师的巧妙设计，使知识在教师巧妙设置的任务中为学生所接受并消化。学生在学习中收获到的成功、欢笑甚至眼泪都会对他们将来的成长产生长久的影响。

对一件事物的认识程度或者深度往往是需要时间的，对学生阅读素养的培养也并不是一朝一夕就能完成的，所以教师在培养阅读素养方面要持之以恒。比如，每月给学生开列适合他们阅读的英语课外读物清单，开展“每天读一点英语经典”的活动，这样的任务对于学生来说并不会成为负担，但每学期下来每名学生的收获都会很大。在教师的督促指导下，学生的阅读习惯逐渐养成，他们不仅词汇量扩大、阅读速度变快，而且阅读能力和思维能力也都得到了提高。不少学生在这种浸润式的学习中获得了丰富的英语国家的文化背景知识，开阔了视野，课堂上学到的很多知识也在课外英语读物中得到了运用和拓展，增强了学习英语的成就感，提升了英语学习的兴趣。

（2）任务要重视学生方案设计及策略选择能力的提高。

① 话题导入，回顾文本并做进一步思考。用小组竞赛的形式邀请学生做评委，分三组对课文内容进行回顾并提出解决问题的方法。小组可自由设计方案，讨论选择何种形式对全文进行内容回顾。最后，学生形成了三种比较有效的方案，对课文进行了有效回顾，避免了机械照搬或背诵，主要方案如下：方案1，根据关键词复述相关内容；方案2，创造性编排对话回顾内容；方案3，用电话沟通建议的形式回顾内容。各小组根据不同方案提出建设性的问题和解决方案。学生评委根据每组表现，从语言的精确性、表达的流畅性、想法的合理性等方面进行综合评价，最终评选出最佳方案。

② 学以致用，当堂DIY爱心信封。教师设计一个课堂DIY信封的环节，利用图片把所学的知识点编入制作步骤中。学生需要运用所学语言知识了解做爱心信封的步骤，然后指导同伴或者他人制作信封。教师向学生提供关于DIY的建议和能利用的网络资源，让他们进行讨论、协商和决策。该活动让学生亲身体验DIY，让他们真正明白做好DIY需要相关的知识，并且使学生享受到DIY的乐趣。

教师设计的这个项目学习，激发了学生学习的热情，让学生在活动中不知不觉地理解了这一堂课的学习内容。这样的活动提高了学生自己设计方案的能力，是其他学习方式很难达到的。

3. 有效开展教师引导下的学生自主学习活动

学校中的教与学就是一枚硬币的两个面，谁也离不开谁。真正的“教”应该是关注学生的“学”，没有学生“学”的“教”是没有任何意义及价值的，即“没有学习，无须教学”。同时，在学校这个环境中，学生的“学”必定需要考虑教师这一因素，没有教师的教或者教师的辅导，学校的优势或者特点就不能体现出来。没有“教”的“学”，与学生在家“自学”没有什么差别。

核心素养视野下的课堂教学把“自主发展”确定为学校教育的主要培养目标，学生是学习的主体，教学中要充分体现学生的主体地位，从学习者视角来构建课堂教学。把学生的学习上升到一个新的高度，不是说可以淡化“教”的意义及价值，更不是说让“教”退居二线，而是重新确立“教”的地位，重新认识“教”的意义，重新定位“教”者的角色。

既然在学校这个系统中教与学是相对统一、共同存在的，那么，为什么在讲核心素养的今天我们还要来讨论教与学，还要强调学习的意义呢？那是因为，不同的“教”会给学生学习的效率及质量带来很大的差距。教师什么时候介入，如何介入，以什么角色介入学生的学习是很有讲究的。具体来说，“教在学中”要关注以下几个方面。

（1）教在学中，需要教在思维的深处。

深度课堂，需要设计有质量的、有挑战性的问题。教师要颠覆原有课堂教学认知，改变传统教学行为，不纠缠于细枝末节和碎片化知识，从点状教学走向网状教学。教师在教学中要及时捕捉新的教学增值点，思维跟着学生产生的问题走，通过师生的探讨引导学生的思维朝着深处走。教在学中，师生思维要达到“你中有我，我中有你”，这才算是深度课堂，才算是有思维质量的课堂。

（2）教在学中，需要教在学生学习的困惑期。

学生所学习的知识是多方面的，有易于人们理解的知识，也有他人无法解答的知识，这些无法解答的知识就是学生在学习中产生的新问题，仅仅靠他们自己是难以解决的。教师的意义及价值更多地体现在这个时候。教师在恰当的时候出现，是“教在学中”的一个重要课题。

（3）教在学中，需要教在知识的节点。

日常教学中我们发现这样的现象，教师花了很多时间，讲了很多知识，学生背了很多书，做了很多题，但他们似乎对于学科知识理解还是不到位，最后考试成绩也不理想。有时教师自己也很茫然，究竟哪些是重要的，哪些是不重要的，哪些需要详细讲解，哪些可以略讲。同样，学生做了很多题，学了很多知识，但面对新的问题情境，就是找不到解决问题的关键点。教师教了学生很多方法，但在具体的学习中，学生就是想不出最能解决问题的那一个，这跟很多教师讲课面面俱到、缺乏重点是有关系的。

（二）英语阅读的任务型教学

1. 任务型教学的特点

任务型教学法在英语教学活动中的应用主要有以下几个特点：第一，重视教学的意义，让教学活动更贴近现实。第二，在一定的教学任务的基础上，调动课堂气氛，加深教学内容给学生留下的印象。第三，任务型教学设计应注意后期任务的完成。只有合理完成任务，才是任务型教学的主要目标。也就是说，任务型教学把任务看成课堂上的语言学习活动，课堂中所涉及的语言活动非常接近现实。此外，任务型课堂教学的优势在于，它可以解决英语知识学习中的实际问题，如交际问题，这些问题大多是贴近生活和现实的，能使学生产生兴趣，积极地学习和探索。此外，任务型教学模式更注重任务是否完成和完成的具体情况。

例如，教师应该根据英语阅读和交际的特点设计以下英语阅读活动。①注重语言知识的教学，但不是单向灌输，而是在任务分配后，让学生通过必要的语言输入来完成这个任务。教师首先提出需求，然后让学生在提供的环境中完成任务。②充分体现真实性原则，即语言材料的真实性。问题设置应尽可能基于学生的实际。同时要求学生提供真实的感受和想法。教师还应该用真实的想法与学生进行交流，实现精神上的交流。

2. 任务型教学的目标

当学生处于学习的白热化阶段，学习压力很大，面对考试，负面情绪相对较多。在这个阶段完成英语阅读学习，教师应起到指导和促进的作用，阐明英语阅读的方法和重要性，调节课堂气氛，与学生加强沟通和互动，充分激发学生的学习兴趣和能力，有助于整合英语知识，更加灵活和准确地掌握英语语法与词汇，全面提高英语任务型教学效果。换句话说，英语教学的目标是培养学生的阅读理解能力和学生的英语素质，教师扮演着主任和监督者的角色。在任务型教学中，逐步激活课堂气氛，促进学生阅读的过程，加强师生之间、学生之间的活动和互助，使学生保持积极进取的状态，能有效完成英语阅读教学目标。

（1）任务型阅读教学的目标是使学生在生活中有所收获，让他们接触到最新的文献阅读，并一直保持对语言学习的新鲜感，使学生愿意探索积极紧张的学习压力环境，主动与现实结合，建立个人学习习惯，提升思维能力，产生良好的阅读体验，愿意并积极参与英语任务型阅读。

（2）教师要发挥促进者、提问者和引导者的作用，控制阅读教学中的课堂气氛。课堂教学不能枯燥乏味、“独来独往”，也不能杂乱无章，无组织、无纪律，要灵活多样地开展教学工作。

（3）教师应从各个方面使学生的学习环境更加开放，使学生能够灵活地接受知识，并满足更多学生多样化的发展需求。教师还应为学生提供获取语言信息的多种渠道，引导学生将其语言知识运用到阅读实践中。

教师不能仅仅局限于本单元内容的学习，而应把前几单元或者以往学习的相似知识联系起来，寻找到其中的规律，这样，学生对于所学内容的认知就更加清晰明了，对日后课本知识的复习也会更清晰深刻。

综上所述，阅读教学是高中英语教学的重要组成部分，为了保证任务型教学在英语阅读课中顺利开展，教师在设计任务时应始终贴近生活，让英语阅读与学生的生活息息相关。同时，任务也应环环相扣，紧贴主题。

第二节　英语阅读与CALL模式教学

一、CALL模式和英语阅读分析

计算机辅助语言学习（Computer-Assisted Language Learning，CALL）始于20世纪60年代。迈克尔·利维（Michael Levy）认为，CALL是计算机在语言教学中的应用研究和探索。语言教学过程中使用计算机进行研究或学习的任何行为都可以称为CALL。这种特殊的语言教学模式对语言学习越来越有利。目前，我国的经济实力不断增强，为计算机技术的发展奠定了良好的基础，可以对CALL系统进行尽可能多的补充和改进。CALL模式是语言教学人员利用计算机技术进行辅助教学的一种方法。

目前，英语阅读已成为时代发展的趋势，也是加强国际交流与合作的基础。为了跟上时代的脉搏，跟上信息的潮流，在今天的信息革命时代，我们必须学会阅读。注意英语阅读方法，培养良好的阅读习惯，才会有高效阅读的能力，才能快速阅读我们所需要的大量文献，并在有限的时间内获得尽可能多的信息。

二、当前英语阅读教学模式中存在的问题

我国高中在不断进行教学改革，并在教学方面取得了一定的成绩。高中英语阅读教学在高中英语教学过程中占有重要的地位。阅读教学关系到学生的英语水平，是学生今后工作和生活的重要组成部分。虽然国家也在进行教育体制和教学方法的改革，但在阅读课堂实践中仍存在许多不容忽视的问题。这些问

题极大地削弱了高中英语阅读教学的效率。因此，我们应该关注阅读教学模式中存在的突出问题。

（一）英语阅读教学模式的局限性

在实际教学中，高中英语教学模式在不断地改进和完善，但在教学中仍以教师为主。学生在这种教学模式下，与教师在课堂上的交流较少，学生在教学中的主体地位没有得到体现，在学习中仍然处于被动的状态。评价的对象是教师，内容主要包括教师自身的英语语言表达水平、讲解知识点的能力、使用黑板等教学工具的能力以及控制课堂的能力，忽略了对学生的评价。在阅读知识与技能的教学过程中，高中英语教师只对答案进行翻译和解释，使学生无法充分理解阅读并提高阅读技能。在这种情况下，学生的阅读技能只能靠自己的努力和总结，导致高中生整体英语阅读能力偏低。此外，教师的教学方法过时，教学模式单一，教师和学生之间的互动较少，学生处于被动地位，教师经常把阅读材料作为教学语言知识的一种形式，片面强调语言点的解释，忽略了文本的理解和把握，忽略了应用程序的相关信息和背景知识，缺乏对学生阅读过程系统地掌握和控制。

（二）学生在英语阅读学习方面的不足

经过多年的英语学习，学生仍然存在很多问题，尤其是在阅读英语材料的过程中，他们总是依靠字典来理解文章的意思。由于学生不注重背景知识，往往停留在字面理解上，难以达到阅读理解、思考、评价和欣赏的高水平，阅读速度仅为目标速度，即每分钟145个单词的一半左右。然而，许多专家认为，高中学生在英语阅读过程中应尽量放慢自己的阅读速度，以提高学生的理解能力，提高阅读质量。这些因素的存在将极大地影响高中英语阅读教学的效果。

（三）忽视英语阅读教学的作用

虽然学校在英语教学上安排了较多课时，但是在英语阅读安排方面还存在一些不足，如教师在英语课堂上过于注重听力、英语写作和英语语法的培养。虽然阅读是英语教学的重要组成部分，但投入教学的时间和精力是非常有限的；虽然学生在学习过程中注重提高自己的阅读能力，但主要依靠阅读主题与课外材料的衔接，这极大地限制了学生阅读能力的发展。

三、CALL模式在英语阅读教学中的应用

目前全球的信息正向互联网集中，通过计算机显示屏进行阅读是大势所趋。为了促使学生尽快熟悉人机界面，加快阅读的速度，利用CALL进行英语阅读的教学显得非常必要。英语阅读教学中应用CALL需注意以下几点。

（一）研究学生的阅读能力

教师在教学前应该对学生的阅读能力进行摸底，并按照摸底情况进行分级。为了更加真实地反映出学生的阅读水平，教师应该综合学生的入学成绩、期末考试成绩（包括排名）、等级考试成绩和单项考查成绩等，根据权重进行加权平均，最终得出学生的基准成绩，作为分级的依据。

（二）按照分类设计材料

阅读材料的选择直接影响到教学的效果。学生的英语阅读能力的提高速度和层次往往与学生接触材料的质量、数量、针对性有关，因此科学合理地选择材料非常重要。为了让学生能循序渐进、逐个击破，阅读材料应分为四部分。

1. 基础部分

基础部分指以均衡各方面的典型材料，锻炼学生的一般阅读能力，广泛涉猎各种知识。

2. 针对训练部分

针对训练部分以专题的形式，集中时间锻炼一种能力，可以根据题型来区分，比如主题句提问、细节提问等，既能提高考试成绩，又能目标明确地攻克任务。

3. 专业需求部分

根据学生专业特点关注其重点内容，通过结合学生其他学科的知识，使学生带着背景知识去学习。

4. 课外拓展部分

摘取国外最新的新闻时事、杂志文章等，配合音视频进行课外拓展阅读，让有兴趣、有能力的学生能继续学习。

（三）重视学生能力的培养

由于课堂的时间有限，教师不能将所有课堂时间都用于让学生练习，而应将重点放在阅读技能的分析和实践上。教师让学生在规定的时间内先利用计算机完成针对训练部分的内容，结束后马上将学生的整体数据调出来，找出典型的题目和易错点，结合每节课要讲的技能进行深入分析。因此，教师在课前需要对材料研究透彻，并将学生可能出现的错误逐个分析，以便能当场分析课堂练习中学生出现的错误。

在此基础上，首先，教师对该节课需要练习的技能进行深入分析，指出题目的特点和解题的方法，并结合典型的题目进行演示，让学生理解解题的步骤和关键。其次，教师让学生再次阅读文章，根据思路一步一步地解题。最后，教师让学生阅读另外一篇类似的文章，结束后对比学生前后两次的成绩，了解本项技能的水平提升情况。根据反馈，教师应考虑继续练习该专题还是完成此项教学。

（四）课后通过互联网解决问题

由于课堂时间有限，教师利用互联网手段对个别学生进行辅导，或者通过在线论坛组织话题和讨论。教师根据课堂练习的即时反馈，组织学生之间进行一对一的辅导，让对课堂知识已经掌握的学生指导那些还未能很好掌握的学生，既能减轻教师的压力，又能让学生在互助问答之间复习课堂知识，一举两得。

四、英语阅读教学使用CALL的误区

计算机辅助能帮助高中英语阅读的教学摆脱千篇一律的模式，达到因专业而异、因人而异的效果，但用计算机辅助语言学习取代传统的课堂教学却很容易步入误区。其原因主要有以下三个方面。

（一）学生方面

由于学生的接受能力各异，学习习惯不同，CALL在英语阅读教学中的应用将直接影响学生的学习效率和效果。同时，由于学生来自不同的地区，其接受的英语基础教育的水平参差不齐，家庭经济条件也制约了学生的计算机能

力。这些都导致英语阅读教学不可能兼顾所有学生的需求。教师可以考虑分班教学，或者对没有计算机基础的学生进行前期培训，让其在上英语阅读课时更关注教学内容而非被计算机知识困扰。

（二）教师方面

利用CALL教学虽然能提高教学的效果，但是教师的备课难度会增大，尤其是阅读材料分类数据库的整理、维护和更新需要花大量的时间。利用CALL教学也对教师提出了更高的要求，既要控制整个课程的进度，又要兼顾个别学生的能力。除此以外，还要求教师具有较高的计算机水平和学术水平，能对教学材料来源及内容进行严格把关。

（三）计算机方面

虽然计算机技术发展日新月异，但目前CALL的程序还不够智能，人机界面较为复杂，功能还不完善。同时，CALL也会助长教师懒惰教学风气，如教师仅仅将内容搬到计算机上，并没有根据计算机的特点重新设计内容；教师还可能不讲课，只让学生做题，重数量不重质量、重做题不重能力、重成绩不重反馈。

五、摆脱CALL模式教学误区的方法

（一）组建教学团队

CALL教学并非简单地将教学内容搬到计算机上，也并非全部取代传统的教学方式，而是需要结合计算机的特点，将教学内容创新性地应用到计算机上，并辅助传统的教学方式。因此，这项工程需要由英语教师、计算机技术人员等组成的教学团队进行合作。在教学材料的选择上，还需要教师通力合作，发挥自己的专长，分工整理材料和设计教学大纲。这样，既能考虑教学内容的科学性和丰富性，又能防止懒惰教学的情况发生。

（二）创建合作模式

应用CALL进行英语阅读教学是手段不是目标，因此教师需要重视将面授和CALL进行有机的结合。CALL教学需要处理好教师、学生、计算机之间的关系，包括教师与学生、学生与计算机、教师与计算机、学生与学生四种关系。

其中，创建学生与学生的关系显得更加重要。崔刚、顾巍提倡合作式教学与多媒体教学相结合，通过增进学生之间的关系能弥补目前人机交互的不足，提高学生的学习热情。教师根据CALL反馈组建学习小组更能达到共同提高的目的。应用CALL进行英语阅读教学能循序渐进地提高学生的阅读能力。通过组建教学团队和创建合作模式，将CALL模式教学和传统教学结合起来，能避免目前CALL条件不成熟所带来的负面影响。

六、基于CALL模式下高中英语阅读教学改进措施

（一）摆脱陈旧英语阅读教学模式的缺陷

基于CALL模式，高中学生在英语阅读模式中占据主导地位。这不仅改变了以往以教师为中心的局面，而且充分利用了教学资源。高中英语是非英语专业的高中学生必须掌握的一门课程。在CALL模式下，教师可以充分利用各种资源和课件，通过虚拟网络资源提高学生的阅读能力。各类动态情境互动活动，师生频繁交流，学生阅读信息快速反馈，能够激发学生课堂学习的主动性，达到课堂记忆语言知识点的目的。英语阅读教师可以通过CALL模式教学激发高中学生自主探索英语阅读方法，从而有效提高高中非英语专业学生的英语阅读水平，帮助教师开展有效的阅读教学课堂。

（二）依据现实发展情况逐渐建设创新性较强的英语阅读教学环境

高中生的英语阅读技能和方法需要建立在一定的环境基础上。在这样的背景下，高中生可以根据自己的经验运用不同的手段来收集新知识，从而建立和构建新的阅读知识体系。利用CALL模式教学的优势，可以营造符合学生发展趋势和时代发展趋势的英语阅读教学课堂氛围。在CALL模式教学下，教师可以通过文字、声音、图像、表格、音频和动画等方式来教授学生阅读知识与技能。在这种独特的教学模式下，高中生可以自由而独立地选择基本英语阅读方法和阅读材料，充分调动高中生参与英语学习的热情，也可以帮助高中生构建一个新的英语阅读学习计划。另外，CALL模式教学可以利用多媒体和网络视频来激发学生自主学习的热情。在这种教学模式下，学生可以适当选择自己感兴趣的内容进行训练和提高，这可以极大地提高学生的思维能

力，帮助其提高阅读水平。

CALL模式在高中英语阅读教学模式中的应用价值也越来越高，因为它有利于高中学生阅读能力的提高。因此必须加强基于CALL模式的高中英语阅读教学模式的研究与探索，才能更好地培养新世纪所需要的复合型人才。

第三节 英语阅读过程的信息加工模式

一、三种信息加工模式认知

学生在阅读时采用的信息加工模式主要有三种：自下而上模式、自上而下模式和互动模式。

（一）自下而上模式

阅读的自下而上模式（bottom-up model）认为，读者在阅读时利用字母组合、词、句等语言单位来构建文本的意义。这个模式认为读者在阅读时从左到右依次读取字母、单词、短语、分句和句子的意义，并依照从较小的语言单位到较大的语言单位的顺序，因此这个模式被称为自下而上模式。

（二）自上而下模式

阅读的自上而下模式（top-down model）认为，阅读是一个不断地利用背景知识以及文本中的语言信息进行假设、猜测和验证的过程。这个模式认为激活读者的背景知识有利于阅读理解。

（三）互动模式

阅读的互动模式（interactive model）认为，成功的读者在阅读理解时既使用自下而上模式，也使用自上而下模式。从两个方面来看，阅读是一个互动过程：①读者既利用背景知识来获取信息，也从文本中的文字获取信息；②在阅读过程中很多技能都在同时起作用，它们共同协作。

二、三种信息加工模式的融合运用

随着人们对阅读过程本质理解的变化，外语阅读领域被注入了新的活力，阅读不再仅仅被视为解码过程，而是被看作自上而下加工模式和自下而上加工模式的综合。自上而下模式指读者利用背景知识和图式来理解文本，自下而上模式指读者依据文本中的数据（如单词、短语、句子等）来理解文本。在阅读时最有效的方法是把这两种信息处理模式综合起来，即利用信息的互动处理模式（interactive processing model）来理解文本。这三个信息加工模式对英语阅读教学的启示是，教师在阅读前要启动学生的背景知识，当确信学生缺乏文本话题的背景知识时，要主动提供相关的背景知识，也可以通过课前的准备活动让学生自主上网查阅相关的信息。然而，单靠背景知识并不能解决阅读中碰到的语言问题。语言是信息的载体，在阅读时需要借助自下而上的信息加工模式，通过理解语言所负载的信息来获取文本的信息。

自下而上模式可以用来教授语言点，而自上而下模式可以用来培养学生的阅读技巧和策略。阅读是一个心理语言的猜测游戏（reading is a psycholinguistic guessing game），在阅读过程中读者不断地做出各种假设，不断地求证，不断地调整自己的阅读方法和阅读策略，不断地跟文本进行互动，以寻求对文本的有效理解。学生在阅读的过程中不断交替使用自下而上模式和自上而下模式，也就是说，更多地使用互动模式。

第四节　英语文学阅读教学模式

一、英语文学阅读教学模式的构建

此处选用人教版高中英语选修课本《小说欣赏入门》《北师大版高中英语》《人教版高中英语》教材中有关文学阅读的课文，结合《书虫》《典范英语》中的相关作品，展开文学阅读欣赏课和文学体验阅读活动课的具体研究。研究中构建了基于核心素养的高中英语文学阅读教学模式，即Preparing and presenting（课前准备）→Reading and comprehending（阅读理解）→Exploring and appreciating（探究欣赏）→Sharing and expressing（分享表达）。

（一）Preparing and presenting（课前准备）

文学阅读课往往文章篇幅长，且生词较多，因此，教师可以利用课前制作的微课，介绍作者生平、主要作品、创作背景和写作风格，讲解文中的生词。学生通过课前学习，为理解课文扫除障碍。

（二）Reading and comprehending（阅读理解）

阅读理解环节是学生对输入的语言信息进行解码加工的环节，也是可理解性语言输入的过程。教师可以设计各种活动厘清故事结构，如利用思维导图厘清人物关系，把打乱的文章段落排序等，旨在让学生听得懂或读得懂，培养学生的细节理解能力和逻辑性思维。

（三）Exploring and appreciating（探究欣赏）

通过问题导学探究欣赏课文，引导学生进行分析、概括、联想等思维活动，尤其学会分析、评价主要人物，旨在培养学生的推理判断能力和批判性思维。通过问题导思，布置学生课前以pair-work方式展开讨论，互相阐述、倾听、交流、互动，课堂上再带领学生根据讨论过的问题对课文进行批判性解读，培养学习力，发展思维力。

（四）Sharing and expressing（分享表达）

分享表达是语言外化环节，学生通过关键词概括人物特点，探讨内涵，并设计插图，用英语创意表达，提高创造性思维和书面表达能力。通过pair-work或group-work的协同合作，让学生的话题语言和话题结构得到丰富、补充、清晰、强化。

二、英语文学阅读教学模式应用

（一）英语文学阅读的教学目标和重难点

1. 高中英语文学阅读的教学目标

① 学生能读懂有关弗兰肯斯坦梦想、奋斗、毁灭以及怪物被抛弃、流浪、报复等细节；②学生能根据思维导图厘清主要人物弗兰肯斯坦与其他人物之间的关系和故事的结构；③学生能通过问题导学探究欣赏课文，尤其学会分析、评价主要人物弗兰肯斯坦和怪物；④学生能通过关键词概括人物特点，探讨内涵，并设计插图，用英语创意表达。

2. 教学重点、难点

重点是引导学生听读课文并完成理解练习，厘清人物关系和故事的结构；概括人物特点，探讨内涵，并设计插图，用英语创意表达。难点是引导学生通过问题导学探究欣赏课文，尤其学会分析、评价主要人物弗兰肯斯坦和怪物。

（二）英语文学阅读的教学过程

1. 课前准备

课前以微课形式呈现以下内容。

（1）About the author.（介绍作者和背景知识）

（2）About the writing style.（介绍哥特式小说风格）

（3）Choose the right meanings of difficult words.（学习文章的生词）

2. 听读理解

本环节是听读故事、理解课文，教师可以组织下列活动。

（1）Listen and read the text carefully and do True or False exercises.（认真听读课文并完成理解练习，检测了解故事内容的情况）

（2）Make clear the relations between Victor Frankenstein and other characters.（根据思维导图厘清主要人物弗兰肯斯坦与其他人物之间的关系和故事的结构）

3. 探究欣赏

探究欣赏环节以问题导学为主，重点思考与解答三个问题。问题1、2重在剖析弗兰肯斯坦的双面性和悲剧性：他渴望知识，有抱负，为理想不懈努力，但又以自我为中心，将科学探求凌驾于社会伦理道德之上，最终导致悲剧性命运。问题3重在剖析怪物形象，通过细读怪物流浪经历的描述及最后一段倾诉和自绝的文字，判断怪物的善恶、内心诉求的原因。在课堂中，教师发问的题目具体如下。

问题1：Why did Frankenstein create the monster?（为什么弗兰肯斯坦创造了怪物？）

问题2：What did Frankenstein do to the monster?（弗兰肯斯坦对怪物做了什么？）

问题3：Why and how did the monster destroy Frankenstein's life?（怪物为什么以及如何毁掉弗兰肯斯坦的生活？）

4. 分享表达

分享表达环节引导学生用关键词概括弗兰肯斯坦的三个行为：梦想、奋斗和毁灭（dream，struggle，destroy）。从这三个方面选用至少三个形容词分析弗兰肯斯坦的性格特点，并提供理由和依据。下面对教师、学生分享表达环节做如下情境解析。

（1）Describe Frankenstein and the monster.（描述弗兰肯斯坦和怪物）

学生：I think he is crazy because in order to test his discovery，he created the monster using parts of bodies.

教师：Yes，he became obsessed with creating life and spent all his time and energy on this crazy deed，without thinking about bad effects that might come with it. So he is crazy.

学生选用的形容词还有passionate，pitiful等，通过概括、描述和思辨，对人物性格和命运有了更深刻的理解。与此同时，引导学生用关键词概括怪物的三个行为：被抛弃、流浪和报复（abandoned，wander，revenge）。从这三个方面描述怪物，选用至少三个形容词分析怪物的性格特点，并提供理由和依据。

学生：I think he is miserable because he had no family，no memories，no childhood and was badly treated borehole.

教师：Yes，although he is warm-hearted and shows kindness to mankind，people are still scared of his ugly appearance and treat him badly，so he is miserable.

学生能使用关键词概括人物的主要行为，并从多方面、多角度看待人或事物，批判性思维得以发展。

（2）Creative writing.（创意写作）

一是以“Frankenstein in my eyes”（我眼中的弗兰肯斯坦）为题，设计插图，并用英语创意表达；二是以“The monster in my eyes”（我眼中的怪物）为题，设计插图，并用英语创意表达。

第五节　英语报刊阅读教学模式

英语报刊教学是利用英文报刊作为教学资源对学生进行英语教学。报刊教学作为国际研究项目始于1955年，主要为了提高报纸在学校教育中的运用价值。

英语报刊阅读教学模式受制于英语新闻语篇的语域（register）特征。语域可以分为话语范围（field of discourse）（语场）、话语方式（mode of discourse）（语式）、话语基调（tenor of discourse）（语旨）。语场反映语言使用者的目的，不同的目的需要不同的言语风格。语式指表达方式是口头语言还是书面语言。语旨表明交际双方的关系，关系不同，则言语风格自然不同，可分为正式体、随便体、亲密体等。具体到英语新闻语篇中，语场是指新闻的具体内容和所要达到的目的，语旨就是新闻作者和受众之间的关系，语式指新闻的传播方式是口头的或书面的。娱乐新闻的随意性和趣味性、政治新闻的严肃性和商务新闻的准确性构成了新闻语篇的多样性。正是新闻语篇的多样性才决定了英文报刊阅读教学模式的多样性。建构主义学习理论认为，学习者的知识是在与周围环境的相互作用中自己建立的。英文报刊不仅是传输最新信息的媒体，而且是促进学生知识建构的思维工具，是促进合作性学习的动态的、开放的学习平台。

英语报刊阅读教学模式从形式上、内容上看是多种多样的，可以按照不同的方式进行划分，因此不同名称、不同种类的教学模式层出不穷。一堂课的教学设计往往是多种教学模式的综合。

一、宏观层面的教学模式

（一）合作式教学模式

合作式教学模式，又称生生互动、师生互动教学模式，协商性教学模式。它以小组合作性活动为主要组织形式，学生针对同一学习内容彼此交互和合作，在共同完成任务的过程中，达到对学习内容的深刻理解和领悟。

合作式教学模式的基本操作程序按制定小组任务→合作完成任务→汇报结果的顺序进行。学习内容包括听、说、读、写诸方面，活动形式多样化，如讨论、辩论、角色扮演等。又如，《21世纪英文报》中有一些关于“travel”的文章和图片，教师可让学生根据掌握的资料、图片做成手抄报。当然，这需要大量的信息准备工作，单靠个人的力量是不够的，教师可以让学生分组进行。制成的手抄报可以在课堂上展示，倾听别人的意见，表达自己的观点，分享共同的成果。

（二）自主探究式教学模式

学生自主选择报刊上的话题，借助网络资源、网站和教学资源库，根据自己的实际情况、学习任务和学习需要，自订学习计划，自定适合自己特点的学习方式和学习进度，独立自主地进行探索性学习。

自主探究式教学模式的操作程序主要有三个方面：①选择话题。先在报刊中选择话题，再阅读所选文章。学生每天读报20～30分钟。②纵向扩充与读书报告。利用网络资源，对选择的话题进行纵向扩充，然后写总结和读书体会，内容包括读报期数、文章题目、文章内容简介、读后感及有用的词汇和句子。③朗读复述。学生用约5分钟时间朗读和复述所选择的文章。此外，教师也可以建议学生每天早自习或课外用10～15分钟时间阅读1～2篇文章，将每篇文章的好词、短语、句子画出来，并摘录到专用的笔记本上，不断积累。

（三）多媒体辅助教学模式

《21世纪英文报》利用网站资源，对学生的听、说、读、写技能训练提供帮助。每期报纸部分文章配有录音材料，学生可以登录官方网站聆听地道标准的发音。同时每周针对高一、高二、高三年级设置检测题，包括听力、单项选择、完形填空、阅读理解、单词拼写等高考题型。这些材料大多来源于报纸，并与课本同步。另外，《21世纪英文报》登载的听力材料、检测材料，教师可以下载后用Real Player播放，以Power Point的形式将材料以填空、问答等形式打在投影上，供学生做听力、口语训练之用。这一教学模式可以表述为：利用网站资源—设计学习任务—设置检测项目—任务质量评价。

多媒体辅助教学模式有利于学生通过网络进行跨时空的交际。例如，在教授SEFC Book1，Unit1时，Basic task就是教学生发电子邮件（E-mail）。教师可以结合参与《21世纪英文报》“*Your Words*”栏目，带学生到电子阅览室，让他们登录www.21st century.com.cn，将自己的看法以E-mail 形式发给编辑。当“What do you think of gossip？”“Who do you admire the most？”等话题讨论材料变成铅字出现在《21世纪英文报》上时，学生学习英语的热情顿时高涨，深切感受到参与就能享受成功。

听力和写作一直是中国学生英语学习的难点，此模式对提高学生听力和写作能力效果显著。比如，课前老师从报纸上指定文章，学生利用网络搜查资源；课上老师播放录音，让学生观看新闻短片；课后要求学生进行缩写、改写、听力练习等，均能有效提高学生的听力和写作能力。

二、教学过程层面的教学模式

（一）“预测—阅读—印证—交流”教学模式

首先，教师根据学生水平对报纸进行文章选取，最好能找到既适合学生水平又能吸引学生兴趣的文章；其次，让学生就这一题目进行讨论和预测，同时将相关的问题做笔记，为下一步快速阅读做准备；最后，让学生进行快速阅读，在最短的时间里了解信息构成，引导学生进行对这一主题的印证和交流。

（二）“阅读—讨论—归纳—展示”教学模式

首先，教师让学生进行阅读，泛读或精读均可；其次，指导学生对文章内容进行讨论、归纳总结，可以分组进行；最后，由小组展示归纳结论，可以采用汇报、辩论、演讲等形式。

（三）“课下泛读—课上精读”教学模式

教师预先布置课下泛读作业，下次课上选取一部分适合精读的文章进行学习，让学生通过文章的阅读学习语法和词汇。

（四）“朗读—听音—讨论”教学模式

教师先让学生朗读文章，然后听录音或他人朗读，再通过讨论主题提高口语能力，培养学生独立思考、阐述自我观点的能力等。

（五）“阅读—归纳—讨论—写作”教学模式

此模式把阅读、口语和写作相连接。教师先让学生阅读、归纳总结，然后进行讨论，将主题升华，最后根据讨论结果和阅读内容进行写作：读后感或者新闻题材的文章。

《21世纪英文报》设有“每周一评”栏目。文章采用议论文的写法，对学生关心的热点话题进行分析点评。点评结构清晰，论证有力，观点积极健康向上，是学生模仿议论文写作的范例。此外，报纸的第七版有传统的热点讨论话题栏目，也为学生提供了发表观点的平台。教师还可以要求学生在阅读完一些典型篇目后，坚持写文章概要和提纲。概要一般不宜太长，字数在100 ~ 150字。教师还可以鼓励学生每天坚持做一些摘要、札记，记录一些名言警句。

三、英语技能训练的教学模式

（一）辩论式的英语教学模式

教师通过合理分组，积极诱导，鼓励学生运用自己所学的英语知识与技能，围绕他们感兴趣的话题进行辩论。比如，*Your Words*（畅所欲言）栏目，选择一些学生关注和感兴趣的话题，如Is pirated music OK（高中版，第203期），Do you like nicknames（高中版，第194期），What do you think of gossip（高中版，第192期）等让学生用英语展开辩论。

（二）开放式自由讨论的教学模式

学生在读报之后，可以对文章中的某个要点谈谈自己的看法或分组进行讨论，最后由教师总结，其目的是培养学生的语言表达能力、创新能力以及综合能力。比如，Should the first exam be difficult（高中版，第195期），How can we save the planet（高中版，第193期）等均可作为讨论话题。

四、课外活动形式的教学模式

（一）口语竞赛

演讲比赛、辩论大赛等都是比较好的锻炼学生口语能力的方式。演讲比赛可以是小型的分组比赛，学生先对老师布置的主题进行讨论，然后选出小组代表演讲。辩论可以在对某一话题充分讨论的基础上，在小组间进行，人人都能参与。

（二）写作评比

写作评比可以促进学生的写作兴趣。学生可以办班级板报，也可以将经过修改的好文章发表在报纸上。另外，学校还可以进行版面设计比赛，发挥学生的想象力与创造力，激发他们学习英语的兴趣。

（三）英语角

学校建立一个宽松的环境，让学生自由地说英语，自由地交谈，认识新朋友，增强交际能力。

（四）角色扮演

角色扮演的形式是多样的，如教师让学生在舞台剧、小品剧中扮演角色，给一些简单的电影画面配音，举办英语晚会、小记者采访活动，等等。

第六节　英语多模态阅读教学模式

新的教学标准指出，高中的英文教学需要改变传统的授课方式。教师应该多利用新型教学媒体进行辅助教学，比如通过音频、视频、图片等方式丰富教学内容，激发学生的学习热情。但现阶段，许多教师并没有意识到多媒体教学的重要性，还是习惯用传统的单一方式开展英语教学活动。

多模态教学与传统教学方式相比，增加了触觉、视觉、嗅觉、听觉、味觉几种感官的互动。感官的融入可以使学生更好地感知这个世界，并通过内外部的互动，充分调动感官，在更多的体验中进行英语学习。教师也应该充分调动感官，用音频、图文、视频等多种形式进行阅读教学活动，使同学们提高英语学习效率。

一、在英语阅读课堂导入环节开展多模态教学

导入是课堂教学的一种重要组成部分。在导入教学过程中，教师应该充分地激发学生的学习热情，调动学生的积极性，展开合理的多模态教学模式。

例如，Unit3 Life in the future是英文教学中的一个单元，在这个单元中，教师可以通过导入环节，让学生设想未来的场景，让他们探讨和想象未来生活的样子，并且在想象的基础上，尽量用英语表达出自己的设想，以提高英语表达能力。多模态教学可以通过这种引导，让学生对身边的生活方式、环境等进行讨论。此外，在整个教学过程中，也应该提高学生积极思考的能力。

教师可以在导入环节采用动作、口语等多种形式，让学生在充分讨论之后，展开多模态教学。在教学中，教师可以通过给学生播放关于未来的视频让

他们对未来展开积极的想象和预测。视频播放完之后，通过互动提问，让学生探讨自己眼中的未来是怎样的。学生针对这个问题进行思考、探讨，培养自己的英语思维能力，顺利地展开导入课程环节。

在教He acropolis now这个单元时，教师可以在导入环节为学生讲解图片上的内容，并且根据图片展示向学生发起互动提问。学生在讨论图文内容时会遇到陌生词汇，教师可以通过思维导图的方式，结合语境，为学生讲解陌生词汇，还可以通过让学生猜测陌生词汇含义的方式，来培养他们的思维能力。之后，教师可以通过让学生练习填空的形式来加强学生对陌生词汇的记忆，让他们把新知识有机地与已学过的知识结合起来，帮助他们记忆。整个过程中，教师可以通过多模态教学方式，从听觉、视觉为学生提供感官刺激，有效地帮助学生进行课堂导入。

二、在英语阅读内容环节开展多模态教学

在高中的英语教学中，最主要的任务是讲解一些知识点。教师应该使用多种模态教学来辅助知识点的讲解，让学生能更高效地掌握重点内容。比如在第三单元的阅读教学中，教师可以通过这种多模态方式展开教学活动。

（1）教师可以让学生根据一些图片积极地思考人类面临的各种现状，结合课文内容，对未来进行合理预测。

（2）教师可以引导学生积极思考一些问题，比如：“为什么主人公能够去到未来的世界？他是怎么去3008年的？”提出问题之后，为学生播放课程的音频软件以及展示文稿，让他们带着问题进行阅读。整个过程，教师用到了音频、文字多种模态的教学方式。

（3）教师可通过PPT等一些工具进行知识点的展示，可以在黑板上列举同学们需要注意的知识点，在讲解这些知识点时在黑板上举一些例子，如重点词汇的造句等。在课件中，教师也可以通过不同的字体与颜色来突出重点内容，让学生能够明显地看到重点知识内容，引起他们的重视。

三、在英语阅读练习课环节开展多模态教学

阅读练习课就不需要导入环节了，而是直接进行练习。

阅读练习课环节，教师需要让学生完成一些常见的英语题型，包括完形填空、阅读理解、纠错等，练习课上也可以使用多模态教学方式开展教学活动。比如学生有很多难以理解的知识，教师除了进行口头讲解之外，也可以使用多模态教学帮助学生理解。而对于简单的知识，教师可以让学生自由讨论，充分思考，对已学到的知识进行归纳总结。

例如，在第三单元的阅读理解教学中，教师可以通过黑板、文字、动作等多模态教学方式进行教学。如在练习完形填空时，可以着重讲解比较难的知识点，并且在黑板上列出重点内容。学生们在记录完之后，可以再次通过教师的动作、表情等方式加深对新知识的记忆。

综上，教师将多模态教学方式合理地结合使用，让学生增强感官体验，并通过多渠道的知识获取，让学生达到更好的学习效果。相比于传统教学，多模态教学可以让学生在教学活动中，通过感官的调动，更好地理解教学内容，激发他们的学习兴趣。尤其是对于英语阅读教学课，教师更可以通过多样的、形象的教学手段来帮助学生更好地达到教学目标，并从根本上提高教学质量，让学生能在良好的教学活动中提升阅读能力，培养学生的核心素养。

第五章

05 高中英语课堂写作教学模式

第一节　英语记叙文与说明文写作教学

一、英语记叙文写作教学

记叙文的主要表达方式是叙事，这种文体主要记叙自己以及他人所经历的事情。记叙文以时间为主线，通过生动形象地叙述事情来表达作者的思想感情，进而反映生活现实。记叙文描写和记叙了人或事物的情形，以此来表达全文蕴含的中心思想。记叙文在写作教学过程中主要有以下几个要点。

（一）写作时要紧扣主题

文章的主题是一篇记叙文的“核心”。所以，记叙文写作时应围绕主题，尤其是题目有主题关键词的呈现时，应紧扣主题去选择文章内容。组织选材时应选择主题明显，对作者来说有感触、有意义的重要材料，文章才不致没有中心，才能真实地表达作者的情感。

（二）写作时要涵盖相关要素

记叙文的写作过程中涵盖一些基本要素：叙事背景（人物、时间、地点），叙事人称（第一及第三人称），包括开端、发展、高潮、结尾的情节以及叙事的顺序（顺叙、插叙、倒叙）。记叙文一般以一件事为“主线”，故事的细节都围绕“主线”进行叙述。

（三）注重细节，让记叙更为生动

记叙文在写作过程中最忌平铺直叙，对发生的事件只做简单记述，这样的文章是没有吸引力的。因此，记叙过程中应仔细雕琢人物、对话、场景、情感以及心理活动等相关细节，并利用预设悬念等手法描写事件的发生过程，这样文章会更生动形象。

4. 记叙主题的升华

在记叙的前提下可以进一步挖掘、提炼以及揭示事件背后隐藏的深刻含义，通过说明道理以及发表感想，使记叙的主题得到进一步升华。

二、英语说明文写作教学

说明文的主要表达方式是说明。说明文运用科学解说来描述事物的存在，对抽象事理或客观事物进行阐释或说明。说明文文章内容的特点是逻辑清晰、忠于事实、语言客观，其常用的写作手法有因果分析法、类比与对比法、过程分析法和定义法等。说明文注重阐述关系以及相关过程，它有别于注重外观与情感的描写文、注重事件与经历的记叙文、“说服”读者的议论文。说明文在写作的教学过程中主要有以下几个要点。

（一）对象与目的要明确

说明文运用阐述、解释、介绍事物以及事理的手法传递信息与知识，教会人们应用方法，从而使人们深刻地认识客观事物的存在。说明文的主要目的就是“说明”，被说明对象不宜太大，也不宜太多，主要目的是表述清楚。

（二）忠于事实的详细说明

说明内容要依据相关实例与细节，做到准确无误、实事求是，将要研讨的各类难题以及抽象的、难以理解的概念表述清楚。

（三）内容组织要遵循逻辑关系

文章中所表述的事例及观点应充分围绕主题特性，依据时间顺序、空间顺序、逻辑顺序及认识顺序罗列，条理清晰，进而与大众学习相关科学知识、获得有利信息的认识规律相符。

（四）语言表达应简洁、清晰、客观

说明文在写作过程中应运用清晰准确的语言，力求简洁，不宜使用华而不实的词汇以及含混不清的表达。

第二节　英语议论文与应用文写作教学

一、英语议论文写作教学

议论在语言表达方式中较为常见。议论要有明确的论点、充分的论据、周密的论证。议论是注重论理、评析的表述方法。一篇完整的议论或是一段议论，均是由论点、论据和论证三个要素组成的。议论主要是以案例、数据、事实等形式为依据，采用说理的方式，对客观的事物进行评论、分析、表述，进而达到以理服人的效果。

以议论为主的文章便是议论文，它是作者阐明自身观点与主张的常见文体。议论文不同于以形象生动的描述来表达作者思想感情的记叙文，也有别于注重介绍和阐释事物的形状、成因、性质以及功能的说明文，不是以事感人、以知授人，而是以理服人。议论文在写作教学方面应注意以下要点。

（一）鲜明清晰的论点

论点是一篇议论文的灵魂，它表达了作者对所论述问题的主张及见解。议论文通常只围绕一个中心论点，也有个别议论文围绕中心论点提出若干分论点，以此来证明或补充中心论点。写作时应在开头提出论点，之后加以论证，所提的论点要鲜明而清晰，应完整陈述作者的相关看法。

（二）充分可靠的论据

议论文一般以数据、案例、事实等为依据，此外，一些格言、谚语也可以作为论据。论据应充分可靠，才能达到强有力的说理效果。

（三）严密合理的论证过程

议论文中的论据和论点都是通过论证串联起来的，而论点是由论据运用各种论证方法来证明的，所以说，严密的论证是论点与论据之间的纽带。

二、英语应用文写作教学

应用文一般是指人们在学习、生活、工作过程中为了解决实际事务而进行的写作。应用文具有惯用格式，其读者一般是固定的。应用文用于解决现实中的相关问题，为个人事务及公务而服务，在日常生活中被广泛应用，具有一定的实用意义。

相对来说，英语应用文种类较多。根据高中英语教学的相关情况，本章介绍学习与生活中常见的几类应用文，涉及通知、新闻、信件、日记、广告、海报及个人陈述等。依据学生对各类文体的掌握情况，在内容安排方面也得有所侧重。应用文在写作教学方面应注意以下要点。

（一）明确写作目的

应用文在人们的学习与生活中起到一定作用，它并不是供人欣赏或审美的文体，而是要达到特定目的的文体。应用文是为一定的目的而服务的，如告知、邀请、陈述、道歉等，所以写作应用文的原因和目的是非常明确的。

（二）语言表达要得体

应用文文本形式讲究规范，并且也有特定的要求。在写作过程中，每一种应用文对文本、语言均有相关的要求，对于不同的读者及内容应使用对应的文字。

（三）格式体例要规范

应用文有其固定的格式和通用体例，具有严肃性和规范性，所以在应用文写作过程中应遵循格式体例的规范与要求。例如，日记的格式一般由书端（注明日期、天气等）和正文构成；英语信件一般由信头日期、称呼主体、结尾敬语、署名等构成；通知的格式与个人陈述的格式也不同。

第三节　英语写作教学及其策略应用

一、英语写作教学分析

（一）英语新课标中的写作要求

从宏观层面来说，英语写作教学可以锻炼学生的英语思维，提升其综合运用能力；从微观层面来说，高中英语的写作教学会对学生的英语成绩有所影响。所以，高中英语写作教学具有重要的意义。

1. 对学生的英语成绩产生一定的影响

在高中英语新课程的相关标准中，将“学生可以独自起草简单的报告”作为教学目标，要求学生可以依据图片编出简单的故事、将课文重新编为短剧，用合理的词语书写便条、问候卡以及信函，运用语义连贯的词汇叙写结构完整的人物或事的短文，并表明自己的观点与态度。这不仅是英语写作教学的相关要求，还是提高学生英语成绩的关键。

2. 培养学生的英语思维能力

当前学习过程中，学生运用汉语思维较多，因此，写作教学旨在帮学生构建英语思维，强化学生的写作教学训练，使其跳出母语的固有思维，熟练掌握英语口语及书面表达的相关技巧，进而学会用英语的思维方式去表达。

3. 提升学生的英语综合能力

英语写作教学涵盖多元的英语知识，学生应具备英语思维、流畅的英语表达能力以及缜密的文章谋篇布局能力，使自身综合能力的提升可以起到事半功倍的作用。

（二）学生英语写作中的问题

就高中生而言，英语写作是一项不易习得的语言技能。其在英语写作过程中有以下三个方面的问题。

1. 较重的心理负担

大部分学生觉得英语写作较难，因为短时间内写作技能不易提高，训练见效较慢；同时，学生往往因为词汇积累不足或缺乏写作技巧而备受困扰。很多学生出现抵触情绪，甚至在写作训练方面不能主动配合教师完成练习，导致自身练习写作的信心与动力有所下降。

2. 写作基础不扎实

写作基础是指遣词造句的基本功。学生在这方面最为突出的问题就是词汇积累不足和词不达意。除此之外，语法错误、用词不当、单词误拼及标点错误等现象也无处不在。这些错误和匮乏的语言表达，反映了学生常用词汇量严重不足、英语句式运用能力薄弱的问题。

3. 写作内容贫乏

就学生的平时练习与考试结果来看，多数学生的作文内容空洞，思路不清晰。这说明学生在英语写作方面思维不活跃，缺乏深度思考与观察，在写作时思路阻塞，习惯性运用一些简单、浅显的词语，导致写作内容平淡、单调。个别学生的作文甚至没有实际内容，文章空话连篇，内容苍白无力。

二、英语写作教学的策略应用

（一）克服高中生对写作的厌烦心理

写作是高中英语教学的重要组成部分，是检验学生书面交际能力的一个有效途径。让学生克服厌烦心理，提高他们的写作能力，并让他们写出符合题意、行文连贯的作文是广大英语教师不可推卸的责任。教师应该从基础的词汇短语着手，逐步加大难度，从而逐渐培养学生的写作兴趣，让学生不再厌恶作文，写出比较切题的短文。

1. 务实基础，从课本着手

基本的词汇、语法及句型都来源于课本。在词汇教学中，教师应讲清每个词的意义、用法和习惯搭配，并给出例句以便课下复习。这种记忆是反复记忆，需要在课下多花时间。词汇和短语搭配记忆准确，对学生来说至关重要。只有把基础的东西熟记于心，才能过渡到句型。至于句型和语法，笔者认为，许多课本上的句子都是很好的素材，在教学中加强这些例句的练习与记忆，可以起到事半功倍的效果。

2. 评讲典型错误的案例

在批改作文时，教师都会发现，许多学生会出现相同的错误，如语法错误、短语搭配不当、中式英语等。对一些共同性错误，教师进行语言、文化的评讲，是帮助学生避免汉语式表达，逐渐走向地道英语的方法之一。教师可挑选具有代表性错误的例文，让学生集体讨论并纠正错误，尽量让学生把作文修改正确，并把改正后的文章整理出来。这样集体订正的做法，不仅节省了教师的时间，加深了学生的记忆，还避免了教师与学生的直接交流，维护了学生的自尊。

3. 掌握写作技巧

首先，仔细审题，弄清写作目的，确定体裁格式、时态、中心人称和内容要点；其次，围绕中心列出提纲和主题句，一定要避免与中心无关紧要的内容出现；再次，用最恰当熟练的短语、句型把要表达的意思逐句表达出来，切忌用汉译英的方式进行；又次，根据需要把文章分成几个段落，尽量多用简单句和个别有把握的复合句；最后，仔细检查时态的前后呼应、人称与动词的变化、单词的拼写、标点符号、规定字数等，避免出现错误。

在写作过程中，学生要学会灵活运用各种句型，尽量使用日常积累的句型，使语句连贯流畅，切记不要根据提示逐句翻译或出现汉式英语。还需要注意的是，文章的开头和结尾是非常重要的部分，所以应该多花时间进行雕琢。另外，学生应合理地运用关联词。在一篇好的作文中，句与句的衔接一定是很精彩的，所以学生掌握各种类型的关联词非常重要。

4. 背诵范文，进行参考

在学习中，很多资料上都有一些优秀例文，学生可以经常朗诵并背读下来。此外，也可以背诵班上同学的一些优秀作文。多记忆一些优秀范文，不但能增强语感，还能巩固一些句型和词组。通过背诵，学生头脑中有内容，再遇到作文时就不会头脑空空，无话可说。

在写作课上，教师可以让学生先写，在完成之后把自己的作文与例文进行比较，借鉴别人的写作方法和技巧，再仿写一篇作文。仿写不仅可以从内容上进行模仿，还可以在选材、修辞上进行借鉴。实践证明，仿写能使学生有样板、有目的，是提高写作水平行之有效的方法之一。

根据以上四个方面，在教学过程中教师应让学生反复练习，培养学生的写作兴趣，使其逐步写出符合题意且行文连贯的作文。当然，写作能力的培养与提高仅靠这些做法是不够的，还需要大量的练习。只要在教与学两个方面不断地探索，循序渐进，持之以恒，鼓励学生充分发挥其主观能动性，创造和谐的语言学习环境，就一定能促进学生写作能力的提高。

（二）以学生为本创新写作方法

英语写作其实是利用已习得的语言知识表达自我思想的过程。所以，学生应储备大量的相关知识，进而合理地运用语言、美化语句，调整好篇章结构，提升写作技巧。

1. 掌握基本知识

（1）写作能力的提升应遵循一定的规律，由易到难，循序渐进。教师应重视学生基础写作能力的培养，以词汇为着手点。词汇是作文的基础，然而，缺乏词汇积累、用词不灵活是广大学生在英语写作过程中常见的问题。用词准确、灵活是达到英语作文标准的必要条件。为了真实地表达自己的思想，学生要掌握足够的词汇量，养成单词积累的习惯。识记与背诵是最好的方法。同时教师在日常的课堂教学中可以运用“听写—造句”的方式帮助学生记忆单词。听写的过程中不仅练习了听力，还锻炼了书写能力。

（2）为了快速地写出优秀的作文，学生应多读多背优美词句和一些谚语、俗语，这些词语在写作中可以起到锦上添花的作用。此外，学生也应加强阅读量，背诵、抄录一些常见的、写作适用的语句，使之成为写作的素材，写作时便能做到“下笔如有神”。

（3）加强翻译训练，正确使用时态。翻译句子可以使学生更熟练地掌握所学的短语与单词，为英语写作打下坚实的基础。不能正确翻译句式的学生在写作方面的能力也是薄弱的，所以教师可以以单句翻译为切入点，加强写作训练，进而提升学生的造句能力，使他们能准确掌握各种时态。

2. 掌握写作技巧

（1）仔细审题，明确要求。

学生对于题目中的相关内容要仔细思考，弄清楚表达的内容，研读相关的汉语信息，准确把握要求，同时将现有的信息根据要求进行重新调整，使语句更为明朗，并以合适的角度进行书写。

（2）紧扣主题，选准要点。

高考英语的写作要求是，考生应将要表述的内容在题目中述说清楚，在写作过程中切中要点，厘清脉络，根据要求作答，避免遗漏。

（3）灵活运用，表述得当。

英语写作并不是简单的汉英直译，相比较而言，汉译英的灵活性更强。学生在写作过程中不应局限于对写作素材的生硬翻译，而应做到灵活运用，将主题间接地表述出来。学生应尝试重组调整，从难到易，努力调整句子的顺序，进而使句子表达得当。

（4）仔细检查，谨慎修改。

作文写作结束后，学生应仔细检查，也可以与同学互检，再交与教师批改。检查过程中应注意以下几个方面的内容：格式与体裁是否合理，句子成分是否完备，要点是否全面，单复数变化是否正确，语态、时态的主谓是否得当，单词书写是否正确，字数是否符合要求，等等。

第四节　英语课堂教学中的以读促写模式

一、英语课堂教学中读写结合的教学方法

随着对英语写作教学的日益重视，相关研究也越来越多。自19世纪中叶以来，在写作的教学实践领域出现了许多不同的教学流派，国内外的专家、学者基于理论基础对写作的教学模式和方法也展开了各类探索。以下为国内外写作教学采用较多的方法。

（一）任务教学法

任务教学法是近年来比较受推崇的写作教学法，指的是在课堂教学中通过学生和教师共同完成某些任务，使英语学习者自然地学习语言，扩展交际语体系以促进外语学习的进步。任务教学法以苏联心理语言学家维果茨基及其追随者关于语言和学习的理论为基础，强调学习的社会性以及教师和同伴对促进个人学习所起的重要作用。文化知识的获得首先是人们相互作用的结果，然后变为自己的知识。该理论体现了认知和语言的发展顺序，强调学习的社会性和人们的相互作用。维果茨基的这种将心理、社会和语言相结合的理论，为任务教学法提供了理论基础，并对语言教学有着重要启示，即个体是在社会交往、相互作用中发现、学习、掌握和运用知识的。

（二）过程教学法

过程教学法是不仅看重写作的结果，还看重整个写作过程的教学法。这种教学法的理论基础是认知理论和交际理论。其中，认知理论将写作过程视为一种复杂的心理认知过程和语言交际过程；交际理论认为，写作过程实质上是

一种群体间的交际活动，而不是作者的单独行为。所以，依据这种教学方法，教师在写作过程中只是起到辅助的作用。教学活动的目标是关注整个写作的过程，教师不再只是关注语言的正确性，而是帮助学生制订计划、寻找素材、撰写草稿、编辑修改，并通过这样的过程性写作来培养学生的写作能力。过程性写作一般采用较多的是的四阶段教学模式，即写前准备、写作阶段、修改阶段和编辑（润色）阶段。

过程教学法关注写作构思编辑的环节，更注重对学生写作技巧的培养。其教学活动也以学生为本，调动了学生的积极性，发挥了学生的创造性，促进了生生、师生之间的交流。但是，过度地关注过程也会导致学生写作语言知识输入的不足及对文章体裁的忽视。另外，过程写作需要大量的时间，而英语课堂教学时间有限，教师没有足够的时间给学生反复构思修改，也没有过多时间来对学生的每篇作文进行一稿、二稿的修改指导。

（三）体裁教学法

由于结果教学法和过程写作法的不全面，专家、学者开始探究文章的体裁。于是，20世纪80年代，建立在语篇体裁分析基础上的体裁教学法开始在美国、澳大利亚、新加坡等国家盛行。使用这种教学方式具有如下三个作用：①可以帮助学生掌握不同体裁的语篇所具有的不同交际目的和篇章结构；②帮助学生认识语篇不只是一种语言建构，也是一种社会的意义建构；③可以指引学生既掌握语篇的图式结构，又了解语篇的建构过程，从而帮助学生理解并撰写属于某一体裁的语篇。

（四）内容教学法

内容教学法出现在20世纪80年代中期，以奥苏伯尔的认知同化论为理论基础，依据课程内容进行外语教学。该理论在很早的时候就被提出，在语言教学中应该充分利用并通过语言所承载的内容来教授语言知识，语言学习与内容学习互相结合，二者不分家。同时，他认为内容教学法是特定内容与语言教学目标的融合，是理论学科内容与二语技能共存的教学。二语习得理论则突出语言习得需要依靠可理解的、有意义的输入。二语学习者应把注意力集中在语言的意义上，而并不只是语言的形式上。在第二语言课堂上，教学重点应在于意义而非语言形式。采用内容型教学法的人多把语言看成一个载体，通过这个载体来习得课程内容，而不是把目的语看成学习的直接目标，它强调提升学科知识与语言能力两个方面的学习。通过内容教学法，学生在以语言为工具获得知识的同时，还可以提高语言技能。

内容教学法主张发挥学生的自主性和创造性，写作教学既重视学生原有认知结构的作用，又重视写作材料本身的内在逻辑关系。然而，该教学法对目标语掌握欠佳，旧知识结构不太完善，对写作前准备不充分的学生效果不明显。

（五）结果教学法

结果教学法，又称为“成果教学法”，出现在20世纪60年代之前，是我国在很长一段时间内采用的主要写作教学方法，其理论以行为主义理论为基础，认为教学的过程就是教师给予刺激，学生做出反应的过程。因此，采用这种教学方法的课堂往往是以教师为中心，教师控制整个教学过程，学生被动地接受。结果教学法的重点是在最终的写作成品上，认为写作与语言知识有关，教师主要强调的是语言的正确性、文章的结构和质量，因此教师在教学中主要关注词汇、句法和衔接手段的正确使用。结果教学法的教学模式一般分为以下四个步骤：首先，教师选取一篇结构形式比较完美的范文进行分析讲解，重点是文章的修辞和结构；其次，就某些句式进行训练，指导学生写段落；再次，教师给出一个相似的题目，让学生模仿范文，写一篇文章；最后，教师进行批改，让学生订正。评判文章的主要依据是文章的修辞手法以及语言使用是否正确。结果教学法强调写作中的语言知识，从仿写出发，操作简单，虽然容易让学生有成就感，也提高了应试写作水平，但整个过程都在教师的控制中，忽视了学生已有的知识水平，也不重视写前构思等写作技巧，缺少创造空间，不利于学生写作能力的培养。

（六）写长法

写长法的理论基础是建构主义。写长法的基本思路是从提高学生自信心着手，设计适量的写作任务，要求学生表达真情实感，并逐渐增加写作量和每篇习作的字数，以提高运用英语写作的能力。写长法主张通过打开学习者的情感通道的方法促进英语学习；写长法认为英语语言技能是学出来的，而不是教出来的；写长的目的是帮助学生加快知识层面的转化；写长的练习可以帮助学生开阔思路、挖掘潜力。

二、英语课堂教学中读写结合教学的重要性

（一）英语阅读与写作结合的必要性

1. 通过“阅读”的输入，搭建“写作”的基础

在学生心目中，写的能力是重要的。但学生由于不会写而怕写，对写作的畏难情绪越发强烈，因此无法爱上写作。写作能力的培养也不是通过模仿几篇范文就能达成的。

2. 通过读写结合培养学生写的习惯

很多学生平时缺乏写的习惯，他们觉得“写”是考试要求，是一种负担。此外，教师对于写作的教学和评价方法，也无法让学生体验到“写”的快乐。在课堂教学中进行写作训练时，“写”并不是作文教学的全部。除了“写”的部分，写作也是理想、情感的表达与交流的过程。所以，学生可以通过阅读来激发表达自己想法的意愿，而后落到笔头。这样常态化的写作训练应与日常的教学相结合，从而让学生养成“写”的习惯。

（二）英语读写结合的可能性

通过对教师和学生的回访不难发现，很多教师和学生对读写结合的态度是比较积极的，这也为读写结合教学的开展实施提供了可能。

部分学生认为，他们希望得到教师在写作上的帮助，也愿意通过阅读来辅助自己的写作，并将课文中所学的词汇句型运用到写作中。这说明学生会通过“读”来帮助自己“写”，并且觉得这样是对自己有所帮助的。

部分教师在平时的写作教学中有读写结合教学的意识，并尝试运用了这样的方式教学。但是，他们对于如何实施、组织读写结合教学，还缺乏系统的指导，也不确定用读写结合的方法指导后进生写作是否有效。

参考文献

［1］傅瑞屏. 英语课程与教学论［M］. 广州：广东高等教育出版社，2014.
［2］庄彩芹. 浅谈高中英语阅读教学与研究［M］. 北京：北京邮电大学出版社，2015.
［3］朱少彪. 基于核心素养的高中英语听力词汇教学初探［M］. 沈阳：辽海出版社，2018.
［4］何亚男，金怡，张育青，等. 高中英语写作教学设计［M］. 上海：上海教育出版社，2017.
［5］王德艳. 普通高中英语课堂教学现状及对策［M］. 南昌：江西高校出版社，2012.
［6］云雅峰. 高中英语读写结合视阈下的有效教学［M］. 长春：吉林人民出版社，2019.
［7］晁友波. 高中英语课堂教学模式创新［M］. 北京：现代出版社，2019.
［8］王耿正，曹殿俊，黄付巧. 高中英语阅读教学理论应用研究［M］. 长春：吉林人民出版社，2019.
［9］彭杰. 浅析英语专业听力训练中技巧与能力的关系［J］. 西南农业大学学报（社会科学版），2013，11（5）：190-191.
［10］陈亚红，杨香玲. 新高考背景下高中英语听力教学策略研究［J］. 齐齐哈尔师范高等专科学校学报，2019（6）：151-153.
［11］崔俊玲. 任务型教学模式在高中英语阅读教学中的应用［J］. 现代农村科技，2012（1）：63.

[12] 方巧英. 高中英语听力教学策略 [J]. 基础教育研究，2019（20）：58-59.

[13] 黄娟. 高中英语听力教学现状及改进策略摭探 [J]. 成才之路，2018（5）：37.

[14] 金烁. 高中英语听力教学问题与教学优化路径构建 [J]. 北极光，2019 255（1）：138-139.

[15] 李建. 英语阅读课堂教学模式研究 [J]. 教学与管理（理论版）2010（36）：129-130.

[16] 刘红. 高中英语阅读教学现状和改进策略 [J]. 山东社会科学，2016（S1）：342-343.

[17] 刘文. 任务型教学在高中英语阅读课的应用探讨 [J]. 英语广场，2014（6）：137-138.

[18] 任晴. 高中英语听力教学中存在的问题及其应对策略 [J]. 课程教育研究，2019（10）：113-114.

[19] 詹金秀. 浅议高中英语听力教学的建议 [J]. 课程教育研究，2019（36）：106-107.

[20] 赵松碧. 高中英语听力教学中的问题及应对策略分析 [J]. 中国校外教育，2019（12）：106.

[21] 高杰. 高中英语听力教学中存在的问题及改进策略 [J]. 现代交际，2018 471（1）：146-147，145.

[22] 王红予. 合作教学模式下的高中英语课堂教学创新模式研究 [J]. 英语教师，2015，15（23）：126-127.

[23] 窦玉霞. 高中英语阅读教学中跨文化意识培养策略分析 [J]. 中国农村教育，2020（18）：109-110.

[24] 孙胜强. 浅析如何有效开展高中英语的阅读教学 [J]. 学周刊，2020（20）：52-53.

[25] 邓建国. 实施“学议导练”教学模式，优化高中英语阅读课堂教学 [J]. 学周刊，2020（20）：145-146.